Lebe. Jetzt. Echt.

**Impressum**

1. Auflage


Druck und Vertrieb im Auftrag der Autorin: Buchschmiede von Dataform Media GmbH, Julius-Raab-Strase 8, 2203 Großebersdorf, Österreich; www.buchschmiede.at

ISBN: 978-3-99181-771-0

Herausgeberin: Nina Wiesinger, MBA
nina.wiesinger@chancenexpertin.at

Website: www.chancenexpertin.at

Kontaktadresse nach EU-Produktsicherheitsverordnung:
info@buchschmiede.at

Gestaltungskonzept, Layout & Satz: Christian Fischer, greengraphics Graphic Design & Book Art

Korrektorat: Barbara Krojer



**Bibliografische Information der Österreichischen Nationalbibliothek:**
Die Österreichische Nationalbibliothek verzeichnet diese Publikation in der Österreichischen Nationalbibliografie; detaillierte bibliografische Daten sind im Internet über https://www.onb.ac.at abrufbar.

Nina Wiesinger

# Lebe. Jetzt. Echt

## Wie du dein Lebenskonzept entwickelst

## Tierisch zeitgemäß

**Vielleicht kennst** du das Kinderbuch *»Das kleine Ich bin Ich«*. Das bunte Tier war auf der Suche nach dem, was es ist, wo es hingehört, und nach seinem richtigen Platz in dieser Welt.

So wie das kleine *Ich-bin-Ich* machen sich immer mehr Menschen auf eine ähnliche Reise. Sie machen sich auf die Suche nach der eigenen Identität, nach dem, was sie im Innersten ausmacht, was ihre Werte, Stärken und Herzensanliegen sind. Sie fragen sich, was der Sinn ihres Daseins ist – beruflich wie privat. Das hat mich dazu motiviert, dieses Buch zu schreiben. Ich widme es all diesen Menschen: den Mutigen, den Suchenden, den Zweifelnden.

*»Das kleine Ich bin Ich«* von damals ist für mich persönlich zu einem Zebra geworden. Es wird uns auf unserer gemeinsamen Reise begleiten. Dieses Tier passt meiner

Meinung nach sehr gut zur jetzigen Zeit – einer schnellen Zeit der stetigen Veränderung. Da mitzuhalten kann anstrengend sein und Energie kosten. Umso wichtiger ist es geworden, sich selbst wahrzunehmen, regulieren zu können und die eigene Resilienz-Fähigkeit zu stärken. Ein Schlüssel für Gesundheit, Stabilität, ein erfüllteres Leben.

Das Zebra achtet auf sich! Es hat die Fähigkeit, seine Körpertemperatur über die Streifen zu regeln – eine Art Lüftungssystem. Die Streifen haben auch eine soziale Funktion und einen Wiederkennungswert – wie die Gesichter bei uns Menschen. Das Zebra strahlt für mich eine starke Symbolik für Selbstfürsorge, Anpassungsfähigkeit und Wiedererkennungswert aus.

Möge dieses Buch ein guter Begleiter für dich sein, ein Helfer auf deiner Reise, der dich darin unterstützt, dein eigenes Puzzle des Lebens Stück für Stück zu vervollständigen. Vielleicht ist genau dieses Buch der Stein, der dir gefehlt hat, um dich in deiner Ganzheit zu erkennen, um deinem Leben mehr Tiefe, Freude und Sinn zu geben. Wenn ich damit einen Beitrag leisten kann, dein Leben glücklicher, erfüllter und lebendiger zu gestalten, dann hat es sich gelohnt, es zu schreiben.

Zur leichteren Lesbarkeit habe ich dieses Buch in der männlichen Form geschrieben. Es richtet sich jedoch an alle Menschen – unabhängig vom Geschlecht.

Nina Wiesinger

## *Die Schatzkarte: unsere Reiseroute*

## *Die Schatzkarte: unsere Reiseroute*

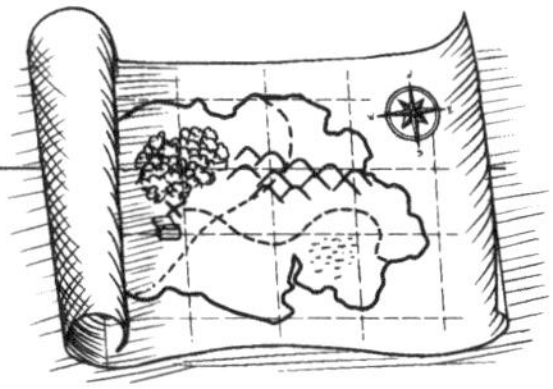

## *Die Schatzkarte: unsere Reiseroute*

## *Die Schatzkarte: unsere Reiseroute*

Dieses Buch schenkt nicht nur dem Leser neue Perspektiven – es schenkt auch den Zebras im Tiergarten Schönbrunn Unterstützung. Für jedes verkaufte Exemplar geht **1,– Euro an ihre Pflege und ihren Lebensraum.**

*Dank deiner Unterstützung, liebe Nina, habe ich nicht nur die richtige berufliche Entscheidung getroffen, sondern führe auch ein Leben, das genau meinen Vorstellungen entspricht und mich glücklich macht!*

*Endlich fand ich Antworten auf meine Fragen:*
*Wer bin ich?*
*Was möchte ich?*
*Wo gehöre ich hin?*
*Wie stelle ich mir mein Leben vor?*
*Welcher Job macht mich glücklich?*

*Auf der Suche nach der richtigen beruflichen Aufgabe habe ich meine erfüllende Lebensweise gefunden!*

*Andrea Degenfeld*

Von der Suchenden zur
glücklichen Kundin

## Einladung zur Reise – in ein Leben, das zu dir passt

**An gewissen Tagen** fällt es dir schwer, das Bett zu verlassen? Sind diese Tage vermehrt Arbeitstage, an denen du dich so fühlst? Weil deine Arbeit keinen Sinn mehr macht, du dich nicht weiterentwickeln kannst oder sogar aktiv daran gehindert wirst? Dann ist deine innere Kündigung schon vorprogrammiert.

Da kommen Gedanken wie: Warum tue ich mir das eigentlich an? Weshalb gebe ich alles, teile meine Ideen, setzte mich ein, werde aber gar nicht gesehen, nicht wahrgenommen, als hätte ich eine Tarnkappe auf? Doch das innerliche wütende Aufstampfen scheint nichts zu bewirken – im Gegenteil. Eine innere Trauer breitet sich aus. Die Ohnmacht überdeckt deine Leidenschaft, die für diesen Beruf früher gegeben war. Die Begeisterung hat sich in Unsicherheit transformiert, die an deinem Selbstbewusstsein nagt. Die innere Stimme, nicht perfekt zu sein, nicht gut genug zu sein, wird immer lauter.

Ab und zu scheint dieser Kritiker sogar der einzige zu sein, der deine Gedanken lenkt. Nun ist die Zeit gekommen, dem ein Ende zu setzen: STOPP!

Viel zu schade um deine Lebenszeit. Die Zeit ist reif. Reif für ein Leben, das stimmig ist. Ein Leben, das du selbst formst, anstatt es deinem Umfeld anzugleichen. Das kostet viel zu viel Kraft – Kraft und Energie, die du besser in deine neue Orientierung oder Verhaltensweise investieren kannst.

Dich mit den Themen dieses Buches auseinanderzusetzen, hilft dir nicht nur dabei, äußere Ziele zu finden, sondern auch innere Zufriedenheit und ein authentisches Leben, das sich stimmig anfühlt. Für dein selbstbestimmtes und glückliches Leben brauchst du eine tiefgreifende Veränderung. Diese beinhaltet fünf Aspekte: Selbsterkenntnis, Orientierung, Lebensgestaltung, Dankbarkeit und Bewusstsein.

Klarheit und Transformation unterstützen dich darin, eine Arbeit zu finden, die dich aufblühen lässt, und ein Leben zu führen, das dich glücklich macht: So entwirfst du dein Lebenskonzept.

Du kannst das Buch von der ersten bis zur letzten Seite lesen oder direkt zu den Kapiteln springen, die dich am meisten interessieren. Egal, welche Option du wählst, du wirst deine Schätze heben. Ich empfehle dir, dich auf die gesamte Reise einzulassen – und ich werde dabei dein exklusiver Tourguide sein.

Nach jedem Kapitel wirst du wertvolle Erkenntnisse gewinnen – mehr Klarheit bekommen, die dein Verhalten und deine Perspektive ändern kann und wird. Du wirst spüren, wie sich deine Gedanken, deine Gefühle und deine Handlungen wandeln. Vielleicht bemerkst du auch, dass sich dein Umfeld verändert. Das ist nicht nur in Ordnung, sondern wünschenswert! Umgib dich mit Menschen, die dich inspirieren, fordern und fördern, und die deinen gewünschten Lebensstil ergänzen. Die Freunde, die im Alter von 20 Jahren passend für dich waren, müssen es heute – im Hier und Jetzt – nicht mehr sein.

Jeder Lebensabschnitt, den du durchläufst, hat seinen Sinn und seine Bedeutung. Vielleicht hast du schon in einer früheren Lebensphase die Erkenntnis gehabt, dass du dich nach einem ganz anderen Lebensmodell sehnst und einen differenten Lebensverlauf haben möchtest – abseits vom Mainstream? Nimm es endlich in die Hand: **Du bist dein Lebensarchitekt!**

**Ich öffne dir hier drei Türen zu prägenden Abschnitten des Lebens und lade dich ein zu einem kurzen Blick hinter die Kulissen:**

In den Dreißigern stehen bei 60–70 % der Menschen in den Industrieländern die Karriere und das Gründen einer Familie im Fokus. Diese Lebensphase wird daher auch als Aufbauphase bezeichnet.

Die Vierziger sind für viele von Fremdbestimmung geprägt – ein Leben im Hamsterrad, viele hetzen von einem privaten oder beruflichen Termin zum anderen. Laut Umfragen (zum Beispiel Gallup, DAK, Statista) erleben rund 50–65 % der Menschen zwischen 38 und 48 eine Phase der Erschöpfung, des Dauerstresses oder das Gefühl, fremdbestimmt zu sein. In diesem Abschnitt haben Zeitmangel, Funktionieren und das Erfüllen von Erwartungen ihre Hochkonjunktur.

Das ist die wichtige Zeit, in der die geschaffenen Dinge stolz präsentiert werden. Wichtig für wen eigentlich? Für die Eltern, die Gesellschaft? Fakt ist, dass oft zu wenig Zeit für die Personen bleibt, die wir lieben, für die auch wir von Bedeutung sind – mit all unseren Stärken, Eigenheiten und Schwächen.

Ab Fünfzig rückt der Wunsch nach Qualität mehr und mehr in den Vordergrund. Viele stellen sich die Frage, was relevant ist im Leben, welche Menschen bedeutsam sind und wo der Lebensmittelpunkt ab jetzt sein könnte – und vielleicht auch sollte. Studien wie die »Midlife in the United States Study« (MIDUS) zeigen, dass in den Fünfzigern oft eine Neuorientierung einsetzt. Der Fokus verschiebt sich bei vielen hin zu Gesundheit, Beziehungen und innerem Gleichgewicht. 70–80 % berichten von veränderten Prioritäten und einem sozialen Umfeld-Change.

Irgendwann kommt man an den Punkt, wo der Freundeskreis wieder präsenter wird – die Kinder sind erwachsen geworden oder schon außer Haus und leben ihr eigenes Leben. In der Wohnung wird es stiller, dem Partner fehlen die Worte, das geführte Gespräch wirkt holprig ... na bravo! Was jetzt?

Fragen über Fragen gehen einem durch den Kopf – wie graue Wolken am Horizont, die gefüllt sind mit Regen. Ein furchtbares Gewitter zieht auf. Der Himmel wird immer dunkler und das ferne Grollen des Donners kommt näher. Es beginnt zu stürmen. Du zuckst zusammen, hast Angst und hoffst, dass es bald vorbei ist – und das wird es auch! Zum Leben gehören Freude und Schmerz, Licht und Schatten, Erfolge und Rückschläge gleichermaßen wie die Kohärenz des Herzens. Ein Auf und ein Ab. Die stetige Bewegung ist das, was das Leben ausmacht: der Herzschlag, die Überraschungen, die Erlebnisse. Das, was bleibt, sind Erinnerungen, Bilder, die wir geistig abgespeichert, und Erfahrungen, die wir gemacht haben. Alles davon war wichtig und richtig, hat uns zu dem gemacht, was wir sind: ein Original. Ein einzigartiges Individuum, das nur im richtigen Umfeld seine Stärken und Kompetenzen umfassend ausleben und sein gegebenes Potenzial entfalten kann.

Jetzt ist es so weit! Es ist Zeit, dich selbst besser kennenzulernen und dein Element zu finden, dein passendes Lebenskonzept. Es ist Zeit für neue Erlebnisse, Erkenntnisse, berufliche Klarheit, neue Blickwinkel und einen klaren Fokus. Auf den folgenden Seiten wirst du in dich, über dich, um dich schauen – und dich das erste Mal richtig sehen.

**Manchmal hängt alles nur von der Perspektive ab.
Zwei Minuten können unglaublich kurz oder erstaunlich lang sein – je nachdem, auf welcher Seite der Klotür du dich befindest.**

**Denk immer daran: Wenn du auf dein Herz hörst, führt dich jeder Pfad ein Stück näher zu dir selbst.**

Ich freue mich darauf, dich auf deiner Reise zu begleiten!

# 01

# Vom Suchen zum Sein – wie du in deine Kraft kommst

# 01

**Erfolg bedeutet** für jeden Menschen etwas anderes. Das Wort »Erfolg« enthält den Begriff »folgen« – es geht also darum, einer Richtung zu folgen. Doch welcher?

Oft übernehmen wir unbewusst die Vorstellungen unserer Eltern: was als Erfolg gilt, wann er gefeiert werden darf – und wann das Erreichte einfach als selbstverständlich angesehen wird. Vielleicht kennst du die folgenden Glaubenssätze, mit denen du in deiner Kindheit konfrontiert wurdest und die dein Denken und Handeln maßgeblich prägen:
*»Streng dich mehr an!«*
*»Das hättest du besser machen können!«*
*»Ich habe nichts anderes von dir erwartet.«*

Da wir demzufolge sowieso nichts gut genug machen, kommt irgendwann der Punkt, an dem wir aufhören, uns über unsere Erfolge zu freuen. Wir nehmen unsere eigenen Leistungen kaum noch wahr – geschweige denn, dass wir sie feiern. Dabei ist Freude essenziell. Sie erfüllt uns, macht uns glücklich und zufrieden. Sie bringt uns in Einklang mit uns selbst. Zudem hat sich die Geschwindigkeit des Lebens verändert – und mit ihr unser eigenes Tempo. Alles ist schneller geworden. Gleichzeitig sind die Erwartungen gestiegen: Alles muss perfekt sein. Doch was bedeutet Perfektion? Meist bestimmen wir das nicht mehr selbst – sind fremdbestimmt statt selbstbestimmt.

Ist es nicht viel wichtiger, unsere eigene Erwartungshaltung zu definieren? Uns mit unserer inneren Berufung zu verbinden und ihr zu folgen?

Leider haben viele von uns verlernt, auf ihre innere Stimme zu hören. Wir nehmen uns kaum noch Zeit, über unseren eigenen Weg nachzudenken – und ihn bewusst zu gestalten. Dabei ist es so wichtig, diesen sichtbar und verfolgbar zu machen. Das bedeutet auch, einzelne Schritte zu definieren: Wie komme ich dahin, wo ich hinwill? Was ist mein Fokus – und wie verliere ich ihn nicht aus den Augen?

Jeder Mensch hat andere Stärken, eine eigene Sichtweise, ein individuelles Empfinden. Wir reagieren unterschiedlich auf Situationen. Besonders aktiv werden wir, wenn etwas unser Herz berührt. Das, was uns wirklich wichtig ist, übernehmen wir ganz selbstverständlich – sogar ohne dafür Geld zu bekommen. Diese Dinge lieben wir. Sie gehen uns leicht von der Hand. Wir sind in unserem Flow. Und genau dort kommt unser innerer Kompass ins Spiel und wir erzielen in kürzester Zeit Wirkung. Oft wissen wir gar nicht, was uns leichtfällt oder was uns wirklich in den Flow bringt. Genau deshalb wollen wir mit der »Erfolgstreppe« sichtbar machen, was es braucht, um bei uns selbst anzukommen.

Schauen wir uns also an:

- → **Wo kommt unsere Einstellung her?**
- → **Wie können wir unser Verhalten etappenweise verändern?**
- → **Und wie können wir sicher oben auf der Erfolgstreppe ankommen - mit Klarheit, Freude und innerer Stärke?**

## Dein inneres Schutzprogramm verstehen

**Schon als Kinder** sammeln wir erste Erfahrungen mit unseren Mitmenschen. Manche überschütten uns mit Liebe, andere schenken uns wenig Aufmerksamkeit. Die Gründe dafür können vielfältig sein: Vielleicht ist die Mutter alleinerziehend und beruflich stark eingespannt, möglicherweise benötigt ein Familienmitglied intensive Pflege oder andere Geschwister brauchen mehr Unterstützung.

Wenn unsere Bedürfnisse trotz wiederholter Signale nicht wahrgenommen werden, geben wir irgendwann auf. Wir hören auf, sie zu äußern, und trennen uns innerlich von den damit verbundenen Gefühlen. Diese scheinen uns nicht weiterzubringen, sie haben uns nicht geholfen, sie haben uns unserem Ziel nicht nähergebracht. Also entwickeln wir unbewusst eine neue Strategie – eine andere Art, durchs Leben zu gehen, ein Konzept, das besser zu passen scheint.

Über die Jahre entsteht eine Überlebensstrategie, geformt durch unsere individuellen Erfahrungen. Das, was uns widerfahren – oder eben nicht widerfahren – ist, hat uns geformt. Es hat Spuren hinterlassen, oft tief und unauslöschlich. Diese Prägungen machen sich in wiederkehrenden Situationen bemerkbar, in denen wir uns irgendwann fragen: Warum passiert das immer mir?

Die Antwort darauf ist individuell. Doch eines ist sicher: Es gab einen Moment in deinem Leben, in dem du dich durch äußere Umstände innerlich verändert hast. Du hast dich angepasst – so wie ein Chamäleon, das seine Farbe wechselt, um nicht aufzufallen. Doch sich anzupassen ist keine langfristige Lösung, die glücklich macht. Wenn in der Kindheit Grenzen nicht geachtet wurden – sei es durch Eltern, Geschwister oder andere Bezugspersonen –, erscheint es irgendwann sinnlos, sie überhaupt noch zu setzen. Warum sich abgrenzen, wenn es ohnehin nicht respektiert wird? Diese »erlernte Ohnmacht« kann sich bis ins Erwachsenenalter ziehen.

Doch egal, wie sehr wir uns äußerlich verändern oder unser Umfeld sich wandelt – unser innerer Kern bleibt derselbe. Wenn wir nicht die Möglichkeit haben, unser wahres Selbst zu leben, fühlen wir uns unecht, eingeschränkt, vielleicht sogar in unserer Entfaltung beschnitten.

# 01

**Wer bin ich? Welches Leben lebe ich? Lebe ich das Leben, das meine Eltern für mich vorgesehen haben? Ein Leben, das sie selbst gern gelebt hätten und mir durch ihre Entscheidungen ermöglicht haben?**

Die guten Absichten der Eltern oder eigene Entscheidungen, die wir zu Beginn unserer Laufbahn getroffen haben, können am eigentlichen Ziel vorbeiführen. Die eigene Berufung ist bei jedem Menschen einzigartig. Deshalb lohnt es sich, diesem inneren Ruf Gehör zu schenken und ihm zu folgen.

## Was dich geprägt hat – und wie du dich neu erfindest

**Wenn wir** echt sein können, fühlen wir uns lebendig und kraftvoll. Doch wenn wir nicht wissen, wer wir sind, fehlt uns das Fundament. Wir fühlen uns haltlos, entwurzelt und nicht zugehörig.

Dieses Gefühl wird wunderschön im Kinderbuch *»Das kleine Ich bin Ich«* beschrieben: Das bunte Tier fühlt sich zunächst mit den anderen Tieren verwandt, doch mit der Zeit kommen Zweifel. Schließlich erkennt es, dass es zu niemandem gehört, nicht »irgendjemand« ist, sondern einfach: ein einzigartiges Original.

Was hilft uns dabei, unsere eigene Identität zu erkennen? Es sind unsere Werte, Stärken und Ressourcen – und die

Art, wie wir durch unser Handeln wahrgenommen werden. Unsere Umgebung spiegelt wider, was wir ausstrahlen. Gefällt dir das, was du siehst?

Im Idealfall sind wir so natürlich, dass wir genau mit jenen Werten und Eigenschaften in Verbindung gebracht werden, die uns charakterisieren. Geschehen kann das nur, wenn wir selbst mit uns in Kontakt stehen. Wie im Innen, so im Außen.

Dafür braucht es Zeit und den Willen, sich mit sich selbst auseinanderzusetzen. Wer auf der Suche nach Glück ist, wird es nicht im Außen finden – es liegt im Inneren. Wahre Zufriedenheit und inneren Frieden können wir nur selbst erschaffen. Schließlich sind wir die besten Experten für unser eigenes Leben.

Die folgenden Fragen können dir erste Klarheit bringen – notiere deine Gedanken dazu direkt im Buch. Spüre in jeden Aspekt hinein – und halte fest, was dir wichtig erscheint.

***Womit identifizierst du dich?***

# 01

***Welches Leben möchtest du führen – und warum? Was ermöglicht es dir?***

***Was wird sich verändern, wenn du dein Ziel erreicht hast?***

***Welches Gefühl erfüllt dich bei dieser Vorstellung?***
Erlaube dir, deinem Gefühl Raum zu geben.

Ich weiß, dass es gar nicht so einfach ist, diese Fragen zu beantworten. Falls es noch zu früh für dich ist, lies einfach weiter. Du kannst auf diese Seite zurückkommen, wann immer es für dich passt.

## Raus aus der Rolle, rein in dein Leben

**Oft fällt es** uns leichter, für andere da zu sein. Viele Menschen neigen dazu, eher anderen Unterstützung zu bieten, als sich auf ihre eigenen Bedürfnisse und ihr eigenes Wohlbefinden zu konzentrieren. Es kann einfacher sein, anderen zu helfen, weil dies positive Rückmeldungen und Dankbarkeit hervorruft, während es herausfordernder ist, sich selbst als wirksam und wertvoll zu empfinden.

Helfen können wir gut – aber können wir auch uns selbst helfen? Manchmal lenken wir uns durch das Kümmern um andere unbewusst von uns selbst ab. Dabei liegt der größte Lebensdiamant darin, die eigenen Bedürfnisse zu erkennen – und Unterstützung von Menschen anzunehmen, die uns auf unserem Weg begleiten. Mit diesem Buch biete ich dir genau diese Möglichkeit: deine eigenen Bedürfnisse zu erkennen und zu entdecken, wie du sie dir tatsächlich in der Realität, anstatt virtuell, erfüllen kannst.

Also, nichts wie raus aus der Fantasiewelt von Instagram, TikTok & Co. und rein ins echte Leben – dein Leben! In eine Welt voller sozialer Kompetenz, Selbstvertrauen, Zugehörigkeit, Selbstwahrnehmung, Selbststeuerung und Selbstregulation.

## Die Stimme deines Herzens hören

**Planen wir** eine Reise oder einen Urlaub, nehmen wir uns viel Zeit für die Vorbereitung. Wir überlegen, was wir erleben möchten, wie lange die Anreise sein darf und in welcher Umgebung unser Hotel oder Apartment liegen soll. Vielleicht erstellen wir sogar eine Wunschliste mit Orten, die wir unbedingt besuchen wollen. Wir recherchieren intensiv, bevor wir schließlich auf den »Buchen«-Knopf drücken. Dabei machen Urlaube nur einen kleinen Teil unseres Lebens aus. Warum sollte gerade dieser Zeitraum der schönste sein? Ist es nicht sinnvoller, wenn auch unsere Arbeitstage erfüllend und von Freude, Sinn und Leichtigkeit gekennzeichnet sind?

Du hast die Möglichkeit, genau das zu ändern. Du kannst dein Arbeitsleben laufend so gestalten, dass es dich glücklich macht. Glück bedeutet für jeden Menschen etwas anderes. Deshalb finden wir in diesem Kapitel gemeinsam heraus, was du für eine ideale Lebensweise benötigst.

Glück ist so individuell wie ein Fingerabdruck – und genau darin liegt die Herausforderung, aber auch die Chance. Um dir zu zeigen, wie unterschiedlich dieser Weg aussehen kann, erzähle ich dir von Madlene. Ihre Geschichte zeigt, wie sehr sich das eigene Leben verändern kann, wenn man beginnt, sich selbst wirklich zuzuhören.

Madlene ist 55 Jahre alt und arbeitet seit 34 Jahren im selben Büro. Sie ist verheiratet und hat keine Kinder. Ihren Job hat sie immer geliebt – bis zu dem Tag, an dem ihr Chef in den Ruhestand ging. Sie waren ein eingespieltes Team und beide schon sehr lange im Unternehmen tätig. Der Nachfolger war in seinem Wesen ganz anders und musste sich im neuen Unternehmen erst zurechtfinden. Madlene fühlte sich unter ihm nicht mehr wertgeschätzt, von Informationen isoliert und für alles und jeden zuständig. Sie ging – unbewusst – weit über die Grenzen ihres Verantwortungsbereichs. Es kam ihr so vor, als ob sie für alle Mitarbeiter verantwortlich sei. Den anderen zu helfen, hielt sie jedoch ständig unter Spannung. Ihre Unzufriedenheit wuchs. Innere Wut staute sich auf. Sie war böse auf ihren neuen Chef. Sie gab ihm die Schuld an ihrer jetzigen Situation. Er koordinierte – aus ihrer Sicht – nichts, sie alles. Und das nahm er nicht einmal wahr. Nach wenigen Monaten fühlte sie sich ausgelaugt und handlungsunfähig, regelrecht ohnmächtig. Sie hatte keine Energie mehr. Sie musste sich eine länge Auszeit nehmen und ging in Krankenstand. Ihre innere Unzufriedenheit hatte sich auf ihre Gesundheit geschlagen. Madlene spürte tief in sich, dass es so nicht weitergehen konnte. Sie wollte etwas verändern – ihre Sicht auf die Welt und die Weise, wie sie agierte.

Mit diesem Anliegen kam sie zu mir. Auf ihrer persönlichen Reise erkannte sie, warum sie alles selbst in die Hand nehmen wollte, die Aufgaben ihrer Kollegen übernahm und diese für sie erledigte. Sie wollte gesehen und geschätzt werden. Ihre Sehnsucht wurde durch ihre Verhaltensweise jedoch nicht befriedigt. Sie verstand jetzt, dass der Ursprung ihrer Unzufriedenheit darin lag, dass sie für das, was sie macht, gesehen werden und Anerkennung dafür bekommen möchte. Im Coaching formulierte sie ihren Herzenswunsch, ihr Ziel: *»Ich werde von meinem Chef und meinen Kollegen geschätzt und bekomme die mir gebührende Anerkennung.«*

Was brauchte sie, um diesem Wunsch näher zu kommen? Transparenz und Klarheit der Rollen und Verantwortungen im Unternehmen, Feedback durch ein Mitarbeitergespräch, die Möglichkeit, als Mentorin neue Mitarbeiter einzuschulen, ihre Ideen und Innovationen im firmeninternen »People und Culture Team« einbringen zu können sowie eine Chance, sich in ihrer Rolle fort- und weiterbilden zu können. Ihren Bedarf teilte sie ihrem Chef beim nächsten Jour fixe mit. Er war dankbar für ihre Offenheit und Vorschläge und unterstützte sie. Die neue Struktur, gepaart mit ihrer eigenen inneren Klarheit, hat ihr geholfen, wieder Zufriedenheit und Ruhe in sich selbst zu finden. Heute richtet sie ihren Fokus bewusst auf ihren eigenen Aufgabenbereich, sie übernimmt Verantwortung – aber nicht mehr für alles und jeden. Sie hat gelernt, sich abzugrenzen, sich selbst wichtig zu nehmen, sich Pausen zu gönnen und auch einmal Nein zu sagen.

Fassen wir gemeinsam zusammen, was Madlene geholfen hat: Durch das definierte Ziel hatte sie Orientierung, die konkreten Meilensteine auf dem Weg dorthin haben ihr das Erleben von Zwischenerfolgen ermöglicht. Jetzt fühlt sie sich wieder leistungsfähig, ist engagiert und hat Spaß an ihrer Arbeit.

Der Herzenswunsch kam aus ihrem Innersten. Denn das Herz spricht eine andere Sprache als der Kopf – leiser vielleicht, aber umso kraftvoller. Was in uns wohnt, tief und manchmal lange unbemerkt, ist oft der wahre Antrieb: der Wunsch, der Madlene nicht mehr losließ, der sie lebendig machte und ihr den Weg zu einem erfüllteren und gesunden Leben wies.

01

## Mehr Leichtigkeit durch Klarheit im Herzen

**Dein Herzenswunsch** ist dein tief empfundenes, emotional verankertes Verlangen, das aus deinem Innersten kommt. Er geht über die oberflächlichen Bedürfnisse oder kurzfristigen Ziele hinaus und ist mit deinem Sinn, deiner Erfüllung und Identität verknüpft. Dein Herzenswunsch drückt aus, was du wirklich willst – unabhängig von äußeren Erwartungen und gesellschaftlichem Druck oder emotionalen Überlegungen.

Der Herzenswunsch ist von emotionaler Bedeutung. Er berührt dein Innerstes, nicht nur deinen Verstand, und steht für deine Sinnsuche. Es geht um das, was dein Leben wertvoll und lebendig macht – er unterstützt dich darin, deine Lebensvision zu definieren, und zeigt dir die Richtung, in die du dich entwickeln möchtest. Er spiegelt auch deine Authentizität wider, deine wahre Persönlichkeit, deine inneren Werte.

**Und jetzt bist du dran! Lass uns dein Reiseziel definieren und deinen Herzenswunsch formulieren.**

Damit du deine Absicht leichter ausdrücken kannst, habe ich dir nachfolgend ein paar inspirierende Beispiele vorbereitet:

→ *»Mein Herzenswunsch ist es, einer Tätigkeit nachzugehen, die mich begeistert, die einen tieferen Sinn hat und mir das gute Gefühl gibt, wirklich etwas zu bewirken.«*

- *»Ich wünsche mir, innerlich ruhig zu sein und mit mir selbst im Einklang zu leben.«*

- *»Mein Herzenswunsch ist es, mich wieder kraftvoll, lebendig und voller Schwung zu fühlen.«*

- *»Mein Herzenswunsch ist es, mein Potenzial zu leben und meine Lebenszeit mit Sinn, Freude und Wirkung zu füllen.«*

- *»Mein Herzenswunsch ist es, loslassen zu können – in dem Vertrauen, dass mein Unternehmen selbstständig und stabil weiterläuft.«*

- *»Ich wünsche mir, gesehen und wertgeschätzt zu werden – und diese Wertschätzung wirklich annehmen zu können.«*

- *»Mein Herzenswunsch ist es, eine berufliche Aufgabe zu haben, die mich begeistert, inspiriert und mir das Gefühl gibt, am richtigen Platz zu sein.«*

- *»Mein Herzenswunsch ist es, Klarheit in mir zu finden, die mich von Selbstzweifeln befreit und mir Vertrauen schenkt.«*

**Formuliere jetzt deinen Herzenswunsch in einem einzigen, klaren Satz. Folge deinem Impuls. Zerdenke nichts – let it go, let it flow!** Auf der folgenden Seite hast du Platz, deinen Herzenswunsch aufzuschreiben.

01

***Das ist mein Herzenswunsch:***

Mit jedem Kapitel dieses Buches füllst du deine persönliche Schatzkiste – Stück für Stück, Erkenntnis für Erkenntnis.

→ **Was hast du auf diesem ersten Abschnitt deiner Reise entdeckt?**

→ **Welche Einsicht nimmst du mit?**

→ **Und was davon darf als Herzensgeschenk in deine Kiste wandern?**

Kraft

## Die Erfolgstreppe – dein Weg vom Wunsch zur Wirklichkeit

**Dein Herzenswunsch** ist mehr als nur ein schöner Gedanke. Er ist dein innerer Kompass, der dich in Bewegung bringen will. Doch zwischen dem ersten Sehnsuchtsfunken und dem tatsächlichen Ankommen liegt ein Weg – und dieser Weg hat Stufen. Als Symbol dafür habe ich die Erfolgstreppe entwickelt.

Stufe für Stufe näherst du dich deinem Ziel. Du gewinnst Klarheit, erkennst, was du brauchst, und kommst bei jedem Schritt ins Handeln. Jeder Abschnitt auf dieser Treppe lädt dich ein, tiefer zu verstehen, was dich antreibt – und was dich vielleicht noch zurückhält.

Am Beginn dieses Weges hast du deinen Herzenswunsch formuliert. Und von da aus geht es weiter – in deinem Tempo, mit deinem Fokus, aber immer mit dem Blick auf das, was dich wirklich erfüllt.

# 01

Ich gratuliere dir zur ersten Formulierung deines Herzenswunsches. Du sehnst dich nach genau diesem Ergebnis. In diesem Wunsch steckt ein Bedürfnis, welches du befriedigen möchtest. Um das möglich zu machen, braucht es noch mehr Verständnis, worum es tatsächlich geht. Was ist der Kern, der Ursprung dieses Anspruchs? Warum wünschst du dir das? Warum willst du dort hin? Welche einzelnen Schritte auf deiner Erfolgstreppe helfen dir, dich deinem Herzenswunsch anzunähern? Wie kannst du mehr Klarheit und Leichtigkeit erlangen, ins Tun kommen?

Erich Kästner hat es treffend formuliert: *»Es gibt nichts Gutes, außer man tut es!«* Deshalb ist es wichtig, nicht nur zu träumen, sondern auch konkret zu hinterfragen, was dich aktuell stört und was du brauchst, um dein Ziel zu erreichen. Wir hanteln uns nach und nach von einer Treppenstufe zur nächsten. Dabei behalten wir immer deinen Herzenswunsch im Blick. Es kann passieren, dass du diesen Wunsch im Verlauf deines Weges umformulieren möchtest. Dann mach das! Der Satz sollte sich für dich stimmig und gut anfühlen – er sollte dein Herz berühren.

**Deine Erfolgstreppe hat 10 Stufen. Auf welcher befindest du dich?** Diese Stufe steht für deine Entfernung vom Ziel, also die aktuelle Unzufriedenheit des unerfüllten Wunsches.

→ 10 steht für die weiteste Entfernung
→ 1 ist der Wunscherfüllung schon sehr nahe

Sehen wir uns das gleich an einem konkreten Beispiel an: Martina ist eine erfolgreiche 42-jährige Ärztin. Sie hatte den Wunsch, endlich ein ungekünsteltes Leben zu führen. Ihr jetziges fühlte sich nicht richtig an. Und ihr Ziel war noch in weiter Ferne, weshalb sie sich auf Stufe 8 einordnete.

Prinzip verstanden? Dann bist jetzt du dran. Nimm einen Stift zur Hand und halte fest, von welcher Stufe aus du startest.

**Dein Start bei Stufe ...?** **Ziel: Dein Herzenswunsch!**

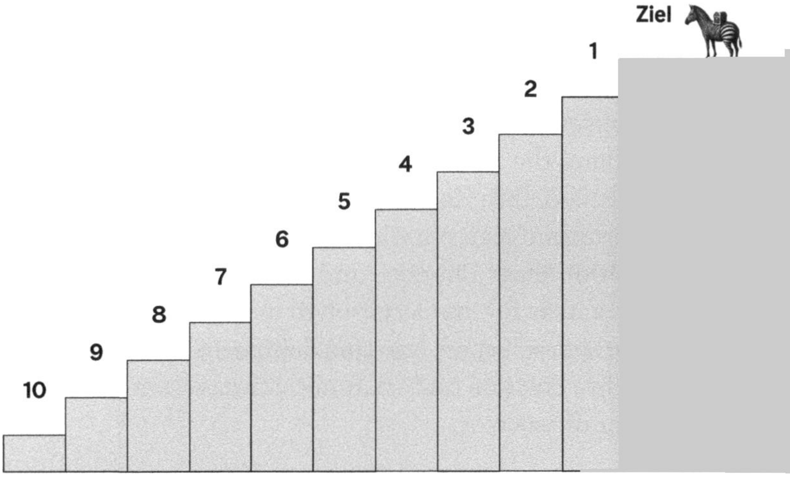

Zurück zu Martina. Sie ist bei Stufe 8 gestartet. Was hat sie eine Etappe näher zu ihrem Herzenswunsch – zu sich selbst – gebracht? Welche Maßnahme war auf dieser Stufe notwendig, um einem stimmigen Leben näherzukommen? Um ein Leben zu führen, in dem sie sich am richtigen Platz fühlt?

Sie war unsicher und sehnte sich nach Sicherheit. Sicherheit konnte sie nur in einem passenden Umfeld bekommen. Also definierten wir im Coaching als erstes, was sie als passendes Umfeld empfindet. Mit dieser Definition hat sie sich von Stufe 8 auf 7 bewegt.

Ihr nächster Impuls war, sich zu fragen: »Wer bin ich eigentlich?« Bis jetzt hatte sie sich ausschließlich über ihren Job als Ärztin definiert, nie über sich als Person. Also: Wer war sie? Ihr nächster Meilenstein, um auf die 6. Stufe zu kommen, war also die Erarbeitung ihrer Identität.

Da gehörte einiges dazu: ihre Werte, Stärken, Kernkompetenzen, was sie begeistert, was sie zum Lachen bringt und vieles mehr. Wir erarbeiteten ihre Werte und nahmen dann die nächsten Stufen in Angriff: ihre Stärken auf Stufe 5, ihre Kernkompetenzen auf Stufe 4, das Begeisterungsniveau einzelner Tätigkeiten auf Stufe 3, die Definition ihrer Energie- und Leistungskurve auf Stufe 2, ihr Beitrag für die Gesellschaft auf Stufe 1 – damit kam sie bei sich selbst an. Martina definierte sich nicht mehr über ihre Position und erkannte sich das erste Mal als die Person, die sie war.

**Was ist es bei dir?** Denk gründlich nach und versuche den Kern der Sache zu finden.

**Welche konkreten Maßnahmen kannst du setzen, um deinem Ziel näherzukommen? Was brauchst du?**

Oft fällt es leichter, zuerst zu benennen, was dich hemmt, bevor du es in positive Formulierungen umwandeln kannst. Zur Orientierung hier einige Möglichkeiten:

> Dein Herzenswunsch ist, berufliche Erfüllung zu finden.

→ **Was fehlt dir am meisten?**
→ **Fühlst du dich eingeengt? Brauchst du vielleicht mehr Freiraum? Mehr Entscheidungsfreiheit?**
→ **Empfindest du Unsicherheit, brauchst du mehr Sicherheit? Wodurch kannst du diese bekommen?**
→ **Nimmst du dich als machtlos wahr? Brauchst du mehr Selbstbestimmung oder mehr Selbstvertrauen?**

Was immer es auch ist, notiere es. Ist der erste Schritt getan, geh den nächsten.

Frag dich nach jeder Stufe:

**Was fehlt mir? Was brauche ich? Warum ist mir das wichtig? Was ermöglicht mir diese Handlung? Was bringt sie mir langfristig?** Das können Handlungen, innere Einstellungen oder äußere Veränderungen sein.

## Meilensteine auf der Erfolgstreppe

**Die Erfolgstreppe** ist individuell – manche Stufen überspringst du fast, andere benötigen viele kleine Mikro-Schritte. Wichtig ist, dranzubleiben, auch wenn es langsam geht. Denn selbst langsame Entwicklungen führen langfristig zum Ziel – und manchmal ist gerade der langsamere Weg der tiefere und nachhaltigere.

Bei Madlene hat der Prozess zwölf Monate gedauert, und diese Zeit hat es auch gebraucht. Veränderung passiert nicht über Nacht!

Beispiele für schnelle Umsetzungsphasen:

- → Einen Termin vereinbaren, zum Beispiel mit einem Coach oder einer Bildungsberatung.
- → Ein klares »Nein« aussprechen, wo du früher aus Pflichtgefühl zugesagt hast.
- → Ein neues Arbeitsumfeld ausprobieren, etwa durch Job-Shadowing oder ein kurzes Praktikum.
- → Dich zu einem Kurs anmelden, der direkt auf deinen Herzenswunsch einzahlt.
- → Ein LinkedIn-Profil erstellen oder überarbeiten, um sichtbarer für neue berufliche Wege zu werden.
- → Tägliche Routinen anpassen, zum Beispiel morgens 15 Minuten für Journaling oder Meditation nutzen.
- → Jeden Tag sechs Seiten in einem Buch lesen, das dich voranbringt.

Beispiele für Entwicklungsschritte, die länger dauern können:

- Mehr Selbstbewusstsein aufbauen, zum Beispiel durch kontinuierliches Feedback, Selbstreflexion und kleine Erfolgserlebnisse.
- Dich von überholten Glaubenssätzen lösen, etwa: *»Ich muss perfekt sein!«* oder *»Ich darf keine Fehler machen!«*
- Ein klares inneres JA zur Veränderung finden, vor allem wenn Angst oder alte Sicherheiten dagegenhalten.
- Berufliche Klarheit entwickeln, wenn viele Interessen da sind, aber kein roter Faden sichtbar scheint.
- Vertrauen in die eigene Intuition stärken, besonders wenn du bisher stark mit dem Kopf entschieden hast.
- Schmerzhafte Erfahrungen aufarbeiten, die den eigenen Weg blockieren oder Selbstzweifel nähren.

---

***Schreib deine persönliche Route zu deinem Herzenswunsch auf den nächsten Seiten auf.***

Das können Handlungen, innere Einstellungen oder äußere Veränderungen sein. Behalte ihn immer im Blick und denk daran: Jede kleine Entscheidung bringt dich näher an dein Ziel.

01

*Erster Schritt*

*Zweiter Schritt*

*Dritter Schritt*

*Vierter Schritt*

*Fünfter Schritt*

*Sechster Schritt*

*Siebenter Schritt*

*Achter Schritt*

*Neunter Schritt*

*Zehnter Schritt*

## Echte Verbindung durch bewusstes Zuhören

**Auf der Erfolgstreppe** geht es nicht sofort schnell bergauf. Manchmal bleiben wir auf einer Stufe länger stehen oder wir gehen wieder einen Wegabschnitt zurück. Warum ist das so? Gewisse Dinge sind leicht umzusetzen, andere Sachen brauchen eine längere Vorbereitung oder einfach nur Zeit. Die alten Verhaltensweisen sind dir vertraut – und bisher gab es vielleicht keinen Grund, etwas daran zu ändern. Jetzt ist dir allerdings bewusst geworden, dass sie dich in der einen oder anderen

*In der Ruhe liegt die Kraft und in der Kontinuität der Erfolg.*

Situation behindern oder dir die Geschwindigkeit nehmen. Sie können dich sogar von deinem Fokus abbringen. An dieser Stelle gebe ich dir gerne ein Beispiel zum Thema Zeitmanagement.

Dein Kalender lügt nicht: Schau dir deine nächsten vier Wochen an und stell dir die Frage, ob dich diese Termine und diese Personen in deinem Tun unterstützen, dich deinem Ziel näherbringen. Bereichern sie dich in irgendeiner Form, stärken sie dich und hören sie dir zu? Oder sind das Menschen, die immer nur etwas von dir wollen? In jeder Beziehung sollte eine Balance aus Geben und Nehmen bestehen. Vermeide Zeiträuber, lass dich nicht ausnutzen oder manipulieren! In diesem Fall trenne dich lieber von diesen Menschen. Auch wenn du sie schon lange kennst. Sie nehmen dir Energie und halten dich auf.

Du bist dabei, deine Selbstorganisation zu verbessern, dazu gehört auch dein Zeitmanagement. Dein Umfeld kann dieses neue System leicht ins Wanken bringen. Denke daran: Ein neues Zeitmanagement braucht Zeit, um zur festen Gewohnheit zu werden. Sei deshalb achtsam, wenn du wieder um Hilfe gebeten wirst. Unterstützung sollte – wie in jeder Beziehung – auf Gegenseitigkeit beruhen. Lass dich nicht ausnutzen und achte bewusst auf deine Ruhephasen – auch du brauchst Erholung. Wenn du auf deiner Erfolgstreppe also gerade die Stufe zum neuen Zeitmanagement erklommen hast, dann nimm dir Zeit, um diese neue Lebensstruktur zu festigen.

**Aber nun zum eigentlichen Thema dieses Kapitels: »Verbindung durch Zuhören«.**

Es lohnt sich, mit anderen über aktuelle Projekte oder Veränderungen in deinem Leben zu sprechen. Es auszusprechen gibt deinem Handeln noch mehr Kraft und bestärkt dich in deinem Tun. Tausche dich mit Menschen aus, die dir zuhören, die hinhören und echtes Interesse an dem zeigen, was du sagst. Im Gespräch eröffnen sich neue Blickwinkel: Du bekommst eine frische Perspektive auf die Dinge. Ein Impuls von außen kann genau der Schlüssel sein, um vieles klarer zu sehen. Was du dann daraus machst, ist deine Sache.

Ab und zu haben wir auch nur das Bedürfnis, ein Thema loszuwerden – es zu äußern, um es für uns selbst greifbar zu machen. Manchmal reicht schon, es laut auszusprechen, um dich gehört und wahrgenommen zu fühlen. Du erkennst die Veränderung in dir und erlebst tiefe Zufriedenheit.

Doch was passiert häufig, wenn wir unsere Geschichte mit anderen teilen? Oft nimmt unser Gegenüber nur ein Schlüsselwort auf – und ist sofort in der eigenen Erfahrung gefangen. Meist wird gar nicht weiter zugehört, sondern stattdessen mit der eigenen Geschichte geantwortet. Ein erneuter Versuch, den roten Faden der Erzählung wieder aufzunehmen, scheitert meist. Immer wieder landet das Gespräch bei den Erfahrungen des anderen. Irgendwann geben wir auf und wechseln das Thema. Es fühlt sich an wie im Film *»Und täglich grüßt das Murmeltier«* – du drehst dich im Kreis und bleibst doch am selben Punkt stehen.

Andere Zuhörer hingegen wollen dir sofort beistehen, selbst wenn gar keine Unterstützung erbeten wurde. Der innere Helfer wird aktiv, und plötzlich prasseln Ratschläge auf dich ein. Vorschläge sind nur dann wertvoll, wenn sie gewünscht sind. Ansonsten bewirken sie das Gegenteil – selbst gut gemeinte Worte können kontraproduktiv sein. Jeder Mensch gibt Inputs aus seiner individuellen Perspektive, die gewachsen ist durch die Familie, das soziale Umfeld, die gesammelten Erfahrungen und das erlernte Wissen. Das ist sicher gut gemeint – doch in den wenigsten Fällen treffen deren Blickwinkel auf uns zu. Schließlich leben wir nicht das Leben des anderen. Wir kennen nicht alle seine Hintergründe, Emotionen oder Prägungen – oder, um es bildlich auszudrücken, das »Inventar des geistigen Küchenkästchens«.

Ein guter Freund aus Tamsweg, ein ehemaliger Tierarzt, der nach seiner Pensionierung wieder zu studieren begann, hat diesen Gedanken wunderbar formuliert: *»Junge Menschen haben noch viel Platz in ihrem Küchenkästchen des Wissens. Neue Informationen können sie einfach in die Regale stellen. Ältere Generationen hingegen haben bereits viele Teller, Tassen und Schüsseln der Weisheit und der Erfahrung angehäuft. Neue Einsichten* *müssen erst einen passenden Platz finden – oder werden auf das Vorhandene gestapelt. Die Frage ist: Passt es überhaupt ins eigene Service?«*

Manchmal gilt es, Altes loszulassen und auszumisten, um Platz für Neues zu schaffen. Ähnlich wie die japanische Ordnungsberaterin Marie Kondo rät, sich von unnötigem Besitz zu trennen, sollten wir uns auch von blockierendem und altem Wissen lösen. Was früher richtig war, muss nicht heute noch gültig sein. Loslassen fällt schwer – nicht nur bei materiellen Dingen, sondern auch bei Überzeugungen. Und: Wer Altes loslässt, hat beide Hände frei für Neues.

Das gilt auch fürs Zuhören. *»Reden ist Silber, Schweigen ist Gold.«* Wer nur spricht, erfährt nichts Neues. Wer aber fragt und empathisch zuhört, kann wahre Schätze heben.

Empathie beginnt dort, wo wir dem anderen Raum geben, das Gesagte wirken lassen – ohne es sofort zu bewerten oder mit eigenen Gedanken zu überlagern. Es geht darum, das Gefühl zu spüren, das die Worte in uns auslösen. Uns vorzustellen, wie es ist, in dieser Situation zu sein. Es ist die Fähigkeit, die Perspektiven anderer Menschen zu verstehen und nachzuempfinden. Geben wir dem Gegenüber gleich einen gut gemeinten Ratschlag, ist das nicht hilfreich. Für uns fühlt sich eine Situation vielleicht vollkommen stimmig an – doch unser Gegenüber erlebt sie ganz anders. Und genau das ist der Grund, warum unsere Begeisterung manchmal nicht geteilt wird.

In »Begeisterung« steckt »Geist« – und jeder Geist braucht etwas anderes, um sein wahres Potenzial zu leben und Zufriedenheit zu finden.

Wenn du eine Meinung von jemandem möchtest, frage gezielt danach – und höre aufmerksam zu. Bedanke dich für den Input, ohne in eine Diskussion zu gehen. Danach kannst du selbst entscheiden, was du mit dieser Information machst. Gleichzeitig lohnt es sich, auch deinem Gegenüber diesen Raum zu schenken. Denn die besten Gespräche sind jene, in denen sich beide Seiten gehört, wertgeschätzt und verstanden fühlen.

Wie das erfolgreich umgesetzt werden kann, habe ich selbst ausprobiert und erfahren: Vor einem Jahr war ich in Istanbul, wo ich einen türkischen Kollegen getroffen habe, mit dem ich 2005 ein Hotel in Kasachstan eröffnet habe, als ich als Food-and-Beverage-Direktorin tätig war. Das Projektteam, das das Hotel von der Baustelle bis zur Eröffnung begleitete, setzte sich aus Personen verschiedener Länder zusammen.

Es gab sehr viele Herausforderungen, die wir gemeinsam lösen mussten. In einem fremden Land zu sein und die Sprache nicht zu sprechen, war dabei noch das geringste Problem. Das Wichtigste war, sich aufeinander verlassen zu können. Es war essenziell, dass jeder seinen Teil dazu beitrug, das Datum der Hoteleröffnung einhalten zu können. Jede Verzögerung kostete den Eigentümer Geld. Wir waren alle unter Druck, und jeder ging anders mit den herausfordernden Situationen um.

# 01

> ***Wer nach außen schaut, träumt; wer nach innen schaut, erwacht!*** *Carl Gustav Jung*

Das Projektteam kannte sich vorher nicht. Wir waren weit entfernt von unseren Familien und Freunden, in einer neuen Umgebung, mit wenig Besitz – doch das, was wir hatten, waren wir. Was zählte, war: Füreinander da sein. Zuhören, ohne zu bewerten. Dem anderen Raum geben, ihn wirklich wahrnehmen. Und vor allem: verstehen wollen. Verstehen, warum jemand etwas getan oder gelassen hat. Verstehen, was hinter einem Verhalten steckt – statt vorschnell zu urteilen.

Jede Kultur hat eine unterschiedliche Vorstellung davon, was es braucht, um sich abgeholt zu fühlen, und zeigt ein anderes Verhalten im Umgang mit bestimmten Situationen. Es geht nicht um richtig oder falsch, sondern einfach um »anders«. Sind wir uns uneinig gewesen, haben wir uns an einen Tisch gesetzt und darüber gesprochen. Wir haben versucht, die Sichtweise des anderen zu verstehen. Wenn etwas leicht zu lösen oder umzusetzen ist, kann es jeder. Bei schwierigen Situationen trennt sich die Spreu vom Weizen. Es zeigt sich, wer beharrlich dranbleibt und die Situation lösen möchte, egal wie lange es dauert.

Ich erzähle das, weil der türkische Kollege bei unserem Treffen letztes Jahr in Istanbul etwas gesagt hat, worüber ich mich sehr gefreut habe: »*Was ich an dir besonders geschätzt habe, ist, dass du mit uns auf Augenhöhe gesprochen hast, uns zugehört und versucht hast, zu verstehen, warum wir so agiert haben. Du hast nicht gewertet oder versucht, unsere Persönlichkeit zu verändern, du hast uns dabei unterstützt, an unserer Verhaltensweise und Herangehensweise zu arbeiten. Wir sind miteinander gewachsen.*«

**_Was ist deine Schlüsselerkenntnis?_**
**_Worauf wirst du ab heute mehr achten?_**

01

## Standort deiner Reise - du bist hier:

*Du hast ein besseres Verständnis für persönliche Entwicklung, deine innere Motivation und die Bedeutung echter Selbstverbindung gewonnen.*

***Du hast deinen ersten Schatz geborgen – deine Schatzkiste enthält jetzt grundlegende Erkenntnisse über dich selbst und deinen Weg.***

*Die wichtigste Erkenntnis: Erfolg ist individuell. Er beginnt nicht mit äußeren Maßstäben, sondern tief in deinem Inneren – dort, wo deine Werte, Sehnsüchte und Überzeugungen wohnen. Was für andere zählt, muss für dich nicht gelten. Dein persönlicher Erfolg misst sich daran, wie stimmig sich dein Leben anfühlt.*

*Dabei wird schnell klar: Dein heutiges Verhalten ist kein Zufall. Es ist geprägt von Erfahrungen, Rollenbildern und Überlebensstrategien, die du früh gelernt hast. Sie haben dir einst geholfen, dich zurechtzufinden – aber heute dürfen sie hinterfragt werden. Denn wahre Identität entsteht nicht durch Anpassung, sondern durch Authentizität. Sie wächst dort, wo du den Mut hast, dich so zu zeigen, wie du wirklich bist.*

*Ein zentraler Kompass auf diesem Weg ist dein Herzenswunsch. Er ist der Schlüssel zur Veränderung – oft leise, aber unüberhörbar, wenn du dich traust hinzuhören.*

*Veränderung braucht nicht den großen Umbruch. Sie geschieht in vielen kleinen Etappen, die sich nach und nach zu einem neuen Weg formen – einem Weg, der dir entspricht.*

*Und auf diesem Weg liegt eine besondere Kraft in etwas, das oft unterschätzt wird: Zuhören. Dir selbst zuhören. Deinen inneren Stimmen. Und den Menschen, die dich umgeben. Zuhören ist mehr als Kommunikation – es ist Verbindung, Einsicht, Wandlung. Vielleicht ist genau das deine erste große Superkraft auf dieser Reise zurück zu dir selbst.*

## Weitere Route:

*Du kannst vieles sagen – doch nichts wirkt so stark wie das, was du tust. Es zeigt, wer du bist, was dir wichtig ist – und wie sehr du mit dir selbst im Einklang bist.*

# 02

# Wenn Verhalten zur Sprache deiner Seele wird

02

## Von außen betrachtet. Von innen verstanden.

**Wir Menschen** sind zwar alle *Homo sapiens,* unterscheiden uns jedoch durch unsere individuellen Eigenschaften und Verhaltensweisen. Wir fühlen uns besonders wohl in der Gesellschaft von Menschen, die uns ähnlich sind. In so einem Umfeld empfinden wir Sicherheit und Geborgenheit, denn das Verhalten der anderen ist für uns vorhersehbar und es gibt wenig Überraschungen. Generell fühlen wir uns wohler, wenn wir unser Gegenüber einschätzen können. Wir kennen dessen »Schatz« – das, was die Person ausmacht, was ihr wichtig und wertvoll ist, und wie sie in bestimmten Situationen reagiert.

Auch du musst nicht alles wissen oder können. Umso wichtiger ist es, dich mit den richtigen Menschen zu umgeben – Menschen, die dich ergänzen, stärken, von denen du ehrliches Feedback bekommst und annehmen kannst. Denn nur durch konstruktive Rückmeldungen kannst du erkennen, ob du auf einem guten Weg bist. Du verstehst

besser, was dich ausmacht, womit du andere begeisterst, unterstützt oder stärkst. Du erhältst wertvolle Hinweise auf deine blinden Flecken, also auf Verhaltensweisen, auf die du mehr achten solltest, die dir neue Denkanstöße geben oder die auch eine Gefahr oder ein Verhinderer für dich sein können, wenn sie stark ausgeformt sind.

Die Vergangenheit kannst du nicht ändern, aber du kannst beeinflussen, wie du von heute an handelst. Dein Naturell, dein Sein, dein neuer Lebensabschnitt – all das liegt in deiner Hand.

Lebe nicht das Leben eines Angepassten. Nimm dich und die Menschen um dich wahr. Lebe und liebe den Moment im Hier und Jetzt und gestalte deine Zukunft. Mit ihr wirst du den Rest deines Lebens verbringen.

Deine Erlebnisse haben dich zu dem gemacht, was du heute bist. Wenn etwas schwierig war, hast du aus dieser Situation gelernt. Sie hat dir geholfen, dich zu entwickeln und beim nächsten Mal anders damit umzugehen. Du hast deine Erfahrungen gemacht, weil du sie selbst erlebt hast.

Wenn du dich erneut in einer ähnlichen Situation wiederfindest, wird es dir leichter fallen, damit umzugehen. Unbewusst reist du innerlich zurück in den Moment, in dem du eine vergleichbare Herausforderung bereits gemeistert hast. Du erinnerst dich daran, was dir damals geholfen hat – und genau das aktiviert in deinem Gehirn die Erinnerung an deine eigene Stärke. An das Gefühl von Zuversicht, Glück und Stolz, das du empfunden hast, als du es geschafft hast. Und genau dieses Gefühl schenkt dir jetzt neue Kraft.

Manche Ängste begleiten uns lange – oft leise im Hintergrund –, bis sie irgendwann im Alltag wieder auftauchen. So wie bei Beatrice.

Beatrice hatte schon in der Schule Angst, vor vielen Menschen zu sprechen. Jetzt war sie 30 Jahre alt und Architektin, sehr engagiert und kompetent. Sie liebte es, die Wünsche ihrer Kunden umzusetzen und sie glücklich zu machen. Sobald sie jedoch ihre Ideen und Pläne vor mehr als zwei Personen präsentieren musste, wurde sie unsicher. Alles, was sie sagen wollte, fiel ihr trotz Vorbereitung plötzlich nicht mehr ein. Sie wusste, dass diese Projektphase sehr wichtig war, weil der Kunde sich danach entschied, ob sie den Auftrag bekam.

Beatrice ärgerte sich über sich selbst. Sie hatte Angst, den Ansprüchen nicht zu genügen. *»Ich bin nicht gut genug!«* war ein Glaubenssatz, den sie von ihren Eltern mitbekommen hat. Nachdem sie diesen in unserer gemeinsamen Arbeit neu formuliert hatte, fühlte sie sich sicherer. Ihr neuer Satz lautete: *»Ich bin kompetent und weiß, was ich tue.«* Dem folgte: *»Ich glaube an mich und das Projekt, da ich einen Mehrwert für meine Kunden biete. Meine Kunden sind wichtig und wertvoll. Auch ich bin wichtig und wertvoll. Wir haben eine berufliche Beziehung und begegnen uns auf Augenhöhe. Ich habe alles nach bestem Wissen und Gewissen vorbereitet.«* Beatrice hat also nicht nur ihren veralteten Glaubenssatz umformuliert, auch ihr Selbstwert ist gestiegen und sie agierte selbstbewusster. Das passierte natürlich nicht von heute auf morgen, sondern in einem Prozess von etwa sechs Monaten.

Geholfen hat ihr unter anderem, sich die Zuhörer als Tiere vorzustellen. Beatrice hat sich immer schon in der Gesellschaft von Tieren wohler gefühlt als in der von Menschen. Das lag vielleicht daran, dass sie auf einem Bauernhof aufgewachsen ist. Tiere haben sie nie bewertet, sondern so genommen, wie sie war. Ihr neuer Glaubenssatz und ihre innere Vorstellung – im Kreise wohlmeinender Tiere – haben ihr ab diesem Zeitpunkt geholfen, ihre Projekte mit mehr Leichtigkeit zu präsentieren. Sie war sich selbst treu, sie war echt. Und sie hat nie mehr versucht, Hochdeutsch zu sprechen.

Vor jeder Präsentation hat sie an ihren neuen Glaubenssatz gedacht und sich ihre innere Präsentationskulisse aufgebaut. Damit hat sie sich wohler gefühlt und konnte ihr Bestes geben. Beatrice hat ihre innere Überzeugung geändert und somit auch ihr Verhalten. Sie hat zu dieser herausfordernden Situation eine neue Haltung eingenommen.

## Neues Denken – neue Chancen

**Das Ändern** von Glaubenssätzen ist eine Möglichkeit, die dich unterstützen kann, dich selbst neu auszurichten und mit mehr Leichtigkeit durchs Leben zu gehen. Du stellst dir jetzt vielleicht die Frage, wie du einen hinderlichen Glaubenssatz erkennen kannst. Eine gute und berechtigte Frage! Mach dir erstmal bewusst, was du über dich, über andere oder die Welt denkst.

**Was denkst du, wenn du dich blockiert fühlst?**
**Welche Sätze hörst du in deinem inneren Dialog, wenn du zum Beispiel etwas Neues ausprobieren willst?**
**Welche Sätze aus deiner Kindheit oder Jugend klingen noch heute in dir nach?**
**Welche Normen gibt es in deiner Kultur?**

Oft zeigt sich ein Glaubenssatz, wenn du in einer bestimmten Situation emotional reagierst – etwa mit Unsicherheit, Scham oder Wut.

Dann poppen Sätze auf wie:

→ *»Ich bin nicht gut genug.«*
→ *»Ich darf keine Fehler machen.«*
→ *»Andere können das besser.«*
→ *»Ich muss es allen recht machen.«*
→ *»Sicherheit geht vor Freude.«*

Vielleicht kommt dir der eine oder andere dieser Sätze bekannt vor. Die gute Nachricht: Wenn du einen solchen Glaubenssatz entdeckst, hast du bereits den ersten wichtigen Schritt gemacht. Jetzt darfst du ihn liebevoll hinterfragen. Denn nur weil du ihn jahrelang gedacht hast, heißt das nicht, dass er wahr ist.

Hier kann dir die Methode der kognitiven Umstrukturierung helfen – zum Beispiel das einfache, aber kraftvolle Vorgehen von Byron Katie.

Fragen zur Auflösung:

→ **Ist das wirklich wahr?**
→ **Woher kommt dieser Satz?**
→ **Was passiert mit mir, wenn ich das glaube?**
→ **Wer wäre ich ohne diesen Gedanken?**

Du wirst erkennen, dass dein Glaubenssatz nicht der Wahrheit entspricht, sondern eine Verallgemeinerung deiner bisherigen Erfahrungen ist. Du brauchst ihn jetzt nicht mehr!

Formuliere den Satz in einen dich stärkenden Satz um, in eine positive, realistische und kraftvolle Alternative.

| | | |
|---|---|---|
| *»Ich bin nicht gut genug.«* | → | *»Ich wachse mit jeder Erfahrung.«* |
| *»Ich darf keine Fehler machen.«* | → | *»Fehler zeigen mir, dass ich in Bewegung bin.«* |
| *»Ich bin nicht wichtig.«* | → | *»Ich verdiene es, gesehen und gehört zu werden.«* |
| *»Ich muss perfekt sein.«* | → | *»Ich darf unperfekt und erfolgreich sein.«* |

Es ist dein Satz, und er sollte sich für dich stimmig anfühlen – ohne inneren Widerspruch.

***In der Entspannung entsteht die Entscheidung – im Handeln das Ergebnis.***

Wenn du ihn für dich gefunden hast, integriere ihn bewusst in deinen Alltag. Du kannst ihn auf einen Zettel schreiben und sichtbar aufhängen oder als Bildschirmschoner verwenden, um ihn in Situationen zu visualisieren, wo du ihn schon aktiv anwendest. Du kannst ihn täglich laut aussprechen, damit er sich festigt.

Ein Glaubenssatz ist wie eine Brille, durch die du die Welt betrachtest. Wechselst du die Brille, verändert sich dein gesamter Blick: auf dich und dein Leben. Es braucht Zeit, hab Geduld mit dir.

**Der Weg zu mehr innerer Freiheit beginnt genau hier – mit dem Bewusstwerden deiner Gedanken.**

## Vom inneren Entschluss zur äußeren Veränderung

**Eine andere,** besonders wirkungsvolle Variante ist, sich vorzustellen, das eigene Verhalten in einer schwierigen Situation bereits verändert zu haben. Durch diese neue Art und Weise des Handelns wird dein Umfeld auf dich aufmerksam. Deine veränderte Haltung wirkt sich auf dein Tun aus – und du wirst dafür von den Menschen um dich herum belohnt. Das ermutigt dich, stärkt dein Selbstvertrauen und macht dich entspannter. Deine Entspannung nimmt den inneren Druck heraus, und was du tust, passiert plötzlich automatisch und mit Leichtigkeit. Hört sich das nicht toll an? Das ist es auch!

Ein weiteres Beispiel, aber mit einer ebenso beeindruckenden inneren Veränderung, ist die Geschichte von Traude. Sie arbeitet seit vielen Jahren als diplomierte Krankenschwester in einem Alten- und Pflegeheim. Sie war immer sehr hilfsbereit und konnte nicht Nein sagen, hat daher stets Aufgaben der anderen übernommen. Um ihre eigenen Tätigkeiten zeitgerecht zu erledigen, hat sie Überstunden gemacht und auch am Wochenende gearbeitet. Selten hatte sie Zeit für ihre Freunde und sagte vereinbarte Treffen öfter ab. Mit dieser Situation war sie sehr unzufrieden und wollte sie ändern. Der in unserem Coaching ausgearbeitete Zielsatz lautete: *»Ich achte auf meinen Energiehaushalt und kann Nein sagen!«*

Bis es zu dieser Veränderung kam, verlief der Weg in mehreren kleinen, aber bedeutsamen Schritten. Traude begann nicht sofort damit, Nein zu sagen – das wäre ihr gar nicht in den Sinn gekommen. Zuerst hat sie im Coaching gelernt, ihre eigenen Grenzen überhaupt wahr- und ernst zu nehmen. Es war ein Prozess des Innehaltens, der Reflexion und des Erkennens ihrer Energiefresser. Sie übte, achtsamer mit sich selbst umzugehen, Signale der Erschöpfung wahrzunehmen und sich kleine Momente der Selbstfürsorge zu erlauben. Anfangs war es ungewohnt, sogar unangenehm, nicht sofort für andere verfügbar zu sein. Doch sie probierte es in kleinen Alltagssituationen aus und merkte: Es passiert nichts Schlimmes, wenn ich mir Bedenkzeit nehme oder eine Aufgabe freundlich ablehne. Dieses neue Verhalten wurde nach und nach zu einer stabilen Gewohnheit – getragen von innerer Klarheit und einem gestärkten Selbstwertgefühl.

Was hat Traude konkret verändert? Wurde sie jetzt um Hilfe gebeten, hat sie nicht sofort Ja gesagt, sie hat sich mit ihrer Entscheidung Zeit gelassen. Auf Anfragen antwortete sie: *»Ich sehe es mir an und komme auf dich zu.«* Sie hat sich den Raum genommen, in Ruhe darüber nachzudenken, ob es Teil ihrer Aufgabe ist oder ob es sich ein Kollege nur einfach machen und diese Arbeit bei ihr abladen wollte. Traude hatte selbst genügend To-dos und brauchte nicht noch die von anderen.

Sobald sie begonnen hatte, sich Zeit für ihre Entscheidung zu nehmen, konnte sie ein klares *»Nein«* oder ein überzeugtes *»Sehr gerne«* formulieren. Sie war nicht mehr fremdbestimmt, sondern agierte selbstbestimmt. Ihre Arbeit machte ihr wieder mehr Spaß und fühlte sich stimmig an. Ihre Selbstorganisation verbesserte sich, ebenso wie ihr Zeitmanagement. Außerdem erkannte sie den Grund, warum sie die Arbeit anderer übernommen hatte: Sie wollte geliebt und wertgeschätzt werden und fühlen, dass ihr die Kollegen dafür dankbar sind.

Für ihre Kollegen nahm sie sich jetzt Zeit, um ihnen die Arbeitsprozesse zu erklären – und siehe da: plötzlich konnten sie ihre Aufgaben eigenständig bewältigen. Traude

***Wenn du selbst die Veränderung bist, transformiert sich auch dein Umfeld. Resonanz bekommt, was Resonanz gibt.***

hat die Kontrolle abgegeben und den Mitarbeitern ermöglicht, selbst Entscheidungen zu treffen, ihre eigenen Erfahrungen zu sammeln und in ihrer Rolle und Wesensart zu wachsen. Sie gab die operative Verantwortung ab und vertraute den Mitarbeitern. Das veränderte die Teamdynamik auf der Station positiv.

Ab dem Zeitpunkt ihrer Verhaltensänderung hatte sie mehr Zeit für ihre anderen Tätigkeiten und Wünsche. Traude hat durch ihre neue Einstellung auch die Interaktion mit der Familie, Freunden und Kollegen verändert. Nach zehn Monaten war Traudes Arbeit besser strukturiert. Sie hatte Ordnung geschaffen und verfügte über ein gutes Zeitmanagement. Innerhalb von zehn Jahren wurde sie zweimal befördert. Traude wurde zuerst Stationsleiterin und danach Standortleiterin. Sie liebt ihren Job, ihre Teammitglieder. Diese Branche ist ihre Berufung, auch wenn sie sich dessen vor unserem gemeinsamen Coaching aufgrund ihrer starken Unzufriedenheit nicht mehr sicher war.

Sie konnte sich wieder mehr den Menschen in ihrem privaten und beruflichen Umfeld widmen. Und sie ist an ihrer neuen Verhaltensweise gewachsen. Wie sie jetzt an Dinge herangeht, hat ihre Handlungen verändert und sie in ihrem Sein gestärkt. Traude hat ihr Agieren verändert – und nicht ihren Charakter.

## Verstehen reicht nicht - jetzt geht's ums Tun

**Was fühlt sich in deinem Leben nicht mehr stimmig an?
Was möchtest du verändern?**

Stell dir vor, du hättest bereits eine Zeitreise gemacht – deine Transformation ist geschehen und du bist in deiner neuen Version angekommen.

**Wie verhältst du dich jetzt?
Was hat sich verändert?**

***Notiere hier dein neues Verhalten. Schreib es so auf, als wäre es bereits Realität.***

Verhalten

***Welche Auswirkungen hat diese Verhaltensänderung mit sich gebracht?***

***Welchen spürbaren Unterschied macht deine Veränderung schon in den nächsten 10 Minuten?***

***Was hat sich nach 10 Monaten verändert? Was hast du losgelassen, was gewonnen?***

# 02

***Wie hat sich deine Veränderung über 10 Jahre ausgewirkt – auf dein Leben, dein Selbstbild?***

***Was hat dir diese Veränderung, diese Entscheidung in deinem Leben ermöglicht? Wo bist du, was machst du, welche Menschen hast du um dich? Wie fühlt sich das Erreichte an?***

Versuche, dieses Gefühl, dieses innere Bild in dir abzuspeichern.

Ein Vision Board kann dir dabei helfen, dein inneres Bild sichtbar zu machen und deine Vision mit Leben zu füllen. Wie genau das funktioniert und wie du dein eigenes Vision Board gestaltest, erfährst du jetzt.

## Dein Vision Board: So bringst du deine Zukunft aufs Papier

**Das Vision Board** ist ein visuelles Werkzeug, das dir hilft, deine persönlichen oder beruflichen Ziele, Träume und Visionen klarer zu sehen und zu manifestieren. Es besteht meist aus einer Sammlung von Bildern, Worten, Zitaten oder Symbolen, die du auf einem Blatt Papier, einem Poster oder digital zusammenstellst. Diese Elemente repräsentieren, was du dir für dein Leben wünschst – sei es beruflich, gesundheitlich, in Beziehungen, im Lebensstil oder in deiner Persönlichkeitsentwicklung.

Es ist hilfreich, deine Ziele visuell zu gestalten – das Visionsbild kann dir dabei helfen, Klarheit zu gewinnen.

Zu Beginn ist es wichtig, dass du deinem Bild eine klare Überschrift gibst – zum Beispiel: *»Mein Traumjob«* oder *»Mein glückliches Leben«*. Diese Überschrift ist dein Leitstern, dein festgelegtes Thema.

Überleg dir auch, was genau du visualisieren möchtest. Vielleicht geht es dir um Karriere, Gesundheit, Beziehungen oder um deine Entwicklung. Je konkreter dein

Satz ist, desto kraftvoller und aussagekräftiger wird dein Vision Board. **Mach dir bewusst: Dein Bild ist mehr als Deko – es ist ein Fenster in deine Zukunft!**

Hast du dein Zielbild definiert, lege auch einen Zeitrahmen für die Umsetzung fest. Möchtest du das Ziel in einem Jahr, in fünf Jahren oder in zehn Jahren erreichen?

Jetzt kannst du anfangen, Materialien zu sammeln. Schneide Bilder oder Überschriften aus Zeitschriften und Magazinen aus. Spricht dich etwas auf der Straße an, mach ein Foto. Schere, Klebestreifen, Stifte oder Pinnadeln helfen dir, das Material auf einem haptischen Board zu befestigen. Wähle Klebestreifen, die du notfalls auch wieder abziehen kannst, um dein Bild neu zu sortieren – ermögliche deinem inneren Wandel die nötige Flexibilität.

Sammle alles, was dich zu deinem Thema inspiriert, was dich berührt. Welche Bilder, Worte, oder Symbole spiegeln deine Wünsche wider? Auch Pinterest, Instagram oder Online-Zeitschriften können eine Inspirationsquelle sein.

Wie du die Gestaltung deines Boards beginnst, obliegt dir. Ich empfehle dir, deine wichtigsten Ziele in der Mitte des Vision Boards zu platzieren, rundherum könntest du verschiedene Kategorien machen, zum Beispiel Beziehungen, Gesundheit, Beruf, Weiterentwicklung. Je nachdem, was dich darin unterstützt, deinen Herzenswunsch zu erreichen.

Verwende auf jeden Fall Bilder, Farben, Worte und Aussagen, die positive Emotionen in dir auslösen und dich intrinsisch motivieren.

Platziere dein Board sichtbar, sodass du es stets im Blick hast, vielleicht im Wohnzimmer, im Schlafzimmer, in der Küche oder auch am WC. Hast du dich für ein digitales Board entschieden, kannst du dein Zielbild als Bildschirmhintergrund oder Telefondisplay verwenden. Wenn du es stets im Blick hast, kannst du es immer wieder reflektieren und dein Ziel visualisieren. Du kannst es ergänzen oder auch adaptieren, falls sich Wünsche oder Prioritäten verändert haben. Gib dir Raum und erlaube dir die Veränderung.

Nachdem du nun ein klares Bild deiner Vision vor Augen hast, geht es im nächsten Schritt darum, zu verstehen, was dich im Innersten erreicht und prägt.

So wie die fünf Grundemotionen eines jeden Menschen – Freude, Trauer, Angst, Wut und Ekel – dein Verhalten mitbestimmen, wirken auch fünf Temperamentfaktoren im Hintergrund mit. Sie beeinflussen Denken, Fühlen und Handeln – und damit auch, wie du deine Ziele erreichst.

02

## Die »Big Five« - dein psychologischer Fingerabdruck

**Jeder Mensch** wird von fünf grundlegenden Faktoren geprägt, auch bekannt als die »Big Five«, die von Louis Goldberg beschrieben wurden. Diese fünf Dimensionen bestimmen, wie wir denken, fühlen und handeln:

1. **Offenheit für neue Erfahrungen:**
   Menschen mit hoher Offenheit sind neugierig, kreativ, begeistert von innovativen Ideen und stets bereit, Neues zu lernen. Sie lassen sich inspirieren und lieben es, über den Tellerrand zu blicken.

2. **Gewissenhaftigkeit:**
   Gewissenhafte Menschen sind organisiert, zuverlässig und zielorientiert. Sie denken vorausschauend, bereiten sich gut vor und setzen gezielt Maßnahmen, um ihre Ziele zu erreichen.

3. **Extraversion:**
   Extrovertierte Menschen sind gesellig, durchsetzungsstark und kommunikativ. Sie teilen gerne ihr Glück, feiern Erfolge und schmieden Pläne, über die sie mit Begeisterung sprechen.

4. **Verträglichkeit:**
   Verträgliche Menschen sind höflich, einfühlsam und warmherzig. Sie kümmern sich um andere und tun sich oft schwer damit, Nein zu sagen, wenn sie um Hilfe gebeten werden.

5. **Neurotizismus (emotionale Labilität):**
   Menschen mit niedrigem Neurotizismus sind emotional stabil, lassen sich nicht so leicht aus der Ruhe bringen und bleiben auch in stressigen Situationen gelassener – während Personen mit hoher emotionaler Empfindlichkeit oft launisch sind und sich schnell verunsichert oder verloren fühlen. Sie neigen zu negativen Emotionen und haben eine erhöhte Stressanfälligkeit.

## Der Ursprung unserer Persönlichkeit

**Diese fünf Faktoren** sind in jedem von uns unterschiedlich stark ausgeprägt. Unser Naturell wird durch Umwelteinflüsse wie unser soziales Umfeld, Freundschaften und einschneidende Erlebnisse geformt. Ob auch unsere Gene für die Merkmale der Lebensphasen eine Rolle spielen, darüber sind sich die Wissenschaftler noch nicht ganz einig.

Bei der Zwillingsforschung von eineiigen Zwillingen hat eine 1990 durchgeführte Untersuchung an der Universität in Minnesota, USA, ergeben, dass sich beide Personen, auch wenn sie in einem anderen Umfeld aufgewachsen sind, sehr oft in ihren Vorlieben ähneln. Dennoch hat das eigene Umfeld die größte Auswirkung auf unsere Entwicklung, auf unsere hoch gehaltenen Werte und Einstellungen.

# 02

***Es kommt nicht darauf an, dem Leben mehr Jahre zu geben, sondern den Jahren mehr Leben.*** *Alexis Carrel*

Sobald du in der Lage bist, eigenständig zu entscheiden, mit welchen Menschen du dich umgeben möchtest, tu es. Die Menschen um dich herum spiegeln dich – auch wenn du das nicht gerne hörst und wahrhaben willst. Gefällt dir dein Spiegelbild? Je besser du dich selbst verstehst, je besser du weißt, was du erreichen willst und was du nicht möchtest, desto bewusster kannst du dein Leben gestalten. Es wird dir leichter fallen, mit dir und mit deinem Umfeld in Einklang zu leben.

Nur wenn du den Wunsch hast, dich besser kennenzulernen und zu verstehen, wirst du dich verändern.

Deine Selbsterkenntnis fördert das von dir gewünschte Verhalten. Dein Verhalten formt dein Umfeld. Dein Umfeld prägt dich – dein Denken und Handeln. Umgib dich mit den Menschen, die schon dort sind, wo du hinwillst, die schon das Ziel erreicht haben. Sie können deine Mentoren werden und ihr Wissen mit dir teilen. Ein Mentor kann dir die Personen vorstellen, die dich in deinem Wachstum unterstützen können, die deine Herausforderungen verstehen und zu deinem Sparringpartner werden. Menschen, die bereits das Netzwerk haben, das du haben möchtest.

Darum frage dich stets: **»Wissen die Menschen in diesem Raum mehr als ich?«**

Kannst du diese Frage mit einem klaren »Ja«, beantworten, dann bist du genau da, wo du sein sollst – in einem Raum, der dich wachsen lässt. Denn Weiterentwicklung ist unser Lebenselixier. Sie gibt uns Richtung, Sinn und innere Kraft.

02

## Teste deine Persönlichkeit!

**Willst du herausfinden,** welche der fünf Wesensmerkmale bei dir besonders stark, mittel oder weniger ausgeformt sind? Dann mach einen kostenlosen Persönlichkeitstest. Ergreife gleich diese Gelegenheit, dich selbst besser zu verstehen, um danach deine Stärken gezielt zu nutzen und dein Potenzial voll auszuschöpfen.

Scanne den QR-Code mit dem Handy und du gelangst zum Test oder klicke auf diesen Link:

*https://bigfive-test.com/de/test*

## *Halte hier dein persönliches Fazit fest:*

***Welche Erkenntnis hast du durch den Test gewonnen? Was ist dir dadurch bewusster geworden?***

***Worauf möchtest du dich fokussieren, wo weniger Energie reingeben?***

***Welche Erkenntnis packst du in deine persönliche Schatzkiste? Was nimmst du mit auf deinen weiteren Lebensweg?***

02

## Dein inneres Navi: Klarheit für deinen Weg

**Du hast dich** selbst ein Stück besser kennengelernt. Deine Menschentypstruktur ist der Schlüssel dazu. Das hilft dir nicht nur dabei, deine Leistungsfähigkeit zu verstehen und zu kanalisieren, sondern auch deine Lebensqualität zu verbessern. Setzt du dich mit dir und dem was dich ausmacht, was dich innerlich antreibt, auseinander, wird dir klarer, wer du wirklich bist. Du erkennst deine Werte und welche Grundmotive dich intrinsisch antreiben.

Deine Werte – wie zum Beispiel Ehrlichkeit, Fairness oder Pünktlichkeit – sind dir wichtig, deshalb schützt du sie mit aller Kraft. Sie sind dein »Heiliger Gral«. Die stark entwickelten Grundmotive sind dein innerer Motor, deine Motivation, warum du etwas machst, manchmal auch ohne dafür bezahlt zu werden. Kennst du deine Werte, wird klarer, aus welchem Grund du dieses Ziel unbedingt erreichen willst.

Zur Veranschaulichung: Ist Ordnung eines deiner starken Grundmotive, empfindest du Unordnung als störend, und es macht dir Spaß, Ordnung zu schaffen. Deine intrinsische Wertevorstellung zielt darauf ab, für Stabilität zu sorgen. Diese Stabilität kannst du am besten durch das Kreieren von Strukturen schaffen. Klare Strukturen geben dir Sicherheit und du fühlst dich wohl. Gibt es in deinem Unternehmen – und auch in deinem persönlichen Umfeld – keine Struktur, also keine gefühlte Stabilität, fühlst du dich unbehaglich, einfach unsicher.

Jetzt verstehst du dich vielleicht besser und erkennst, warum es dich stört, wenn dein Kollege einen chaotischen Schreibtisch hat, wenn sich Berge von Papier darauf türmen, Kaffeetassen und Teller mit Essensresten herumstehen. Ist Ordnung im Leben deines Kollegen kein dominantes Motiv, ist ihm das egal. Er findet sich in seinem kreativen Chaos zurecht und weiß wahrscheinlich genau, unter welchem Stapel sich welches Dokument findet. Seid ihr einem gemeinsamen Arbeitsplatz zugeordnet, kann das zu einer Herausforderung werden – Unstimmigkeiten sind an der Tagesordnung.

Sehr schwach oder sehr stark ausgeprägte Grundbedürfnisse beeinflussen unser Leben und können uns voll im Griff haben. Ist das der Fall, wird von einem Persönlichkeitstypus gesprochen.

Raffael, ein Kunde von mir, lebte förmlich in seiner Arbeit – sie bestimmte seinen Alltag. Er wurde maßgeblich von seinem hohen Leistungsanspruch angetrieben. Die

Kombination der Grundbedürfnisse Neugier und Macht war bei ihm am stärksten ausgeprägt. Es ging ihm nicht um Anerkennung, ausschließlich um Leistung. Raffael war der Workaholic-Typ. Er hatte einen sehr ausgebildeten Drang nach Macht und verfolgte das Ziel, Einfluss auf die Abteilung zu haben. Raffael war motiviert, Leistung zu erbringen und Führung zu übernehmen. Konnte er das nicht beeinflussen, fühlte er sich schlecht, sogar beschämt. Wenn er hingegen seinem inneren Antrieb folgen konnte, war er selbstwirksam.

So ist das mit unseren Wünschen: Erfüllen wir uns einen Wunsch, haben wir ein gutes Gefühl – es läuft so, wie wir es wollen. Erfüllt er sich nicht, empfinden wir Scham und Schuld. Diese Gefühle bestimmen oft, ob wir handeln – oder es bleiben lassen.

Raffael hinterfragte vieles. Neues erfüllte ihn stets mit Staunen und Aha-Erlebnissen. Neugier trieb ihn an, und er konnte seine Ideen einbringen. War es ihm jedoch nicht möglich, das auszuleben, überwogen negative Gefühle wie Verwirrung und Langeweile. Dann sah er keinen Sinn in seiner Tätigkeit.

Sollten Neugier oder Macht auch in deiner Temperamentstruktur vorrangig sein, kommt dir jetzt vielleicht ein kleiner Seufzer über die Lippen. Dann hat dir dieses Beispiel geholfen, nicht nur dich selbst, sondern auch die daraus resultierenden Zusammenhänge besser zu verstehen.

Schauen wir uns das ein bisschen genauer an: Unsere Merkmale sind nichts anderes als Gewohnheiten, die wir entwickelt haben, um unsere Grundbedürfnisse zu befriedigen. Das ist sehr spannend, oder?!

Der US-amerikanische Psychologe Dr. Steven Reiss identifizierte in seinen Forschungen 16 Grundbedürfnisse, die unsere Seele antreiben. Sie beeinflussen kulturunabhängig unser Verhalten und unsere Beziehungen. Diese 16 grundlegenden Lebensmotive sind universell, jedoch in ihrer Intensität (stark, mittel, schwach) bei jedem Individuum unterschiedlich ausgeprägt.

Schau dir die folgende Liste an und nimm dir einen Moment Zeit, um dir einen ersten Überblick zu verschaffen. Spüre in dich hinein: **Welche Motive sprechen dich an – und bei welchen spürst du eher Ablehnung?** Denk nicht zu lange nach, folge deinem Impuls!

1. **Macht:**
   Du hast das Bedürfnis nach Bewirken und Führung und das Ziel, Einfluss zu haben.

2. **Unabhängigkeit:**
   Dein Wunsch ist ein autarkes Leben und Autonomie – du liebst das Gefühl der persönlichen Freiheit.

3. **Neugier:**
   Du strebst stetig nach Wissen und neuen Erkenntnissen.

4. **Anerkennung:**
   Du hast das Verlangen nach sozialer Akzeptanz und Wertschätzung – das stärkt dein Selbstvertrauen. Kritik willst du vermeiden. Ohne Anerkennung ist deine Unsicherheit sehr hoch.

5. **Ordnung:**
   Deine intrinsische Wertevorstellung ist auf Stabilität ausgerichtet, mit dem Bedürfnis, Struktur zu schaffen. Nur durch eine klare Struktur fühlst du dich wohl.

6. **Sparen/Sammeln:**
   Du hast einen Drang, materielle Dinge zu bewahren oder zu sammeln, gehst mit Sachen achtsam um.

7. **Ehre:**
   Du fühlst dich anderen Personen gegenüber verpflichtet. Loyalität steht bei dir an oberster Stelle.

8. **Idealismus:**
   Du hast ein großes Streben nach sozialer Gerechtigkeit und Fairness. Dein hohes Mitgefühl mit Mitmenschen löst Entrüstung bei Ungerechtigkeiten aus.

9. **Beziehungen:**
   Du hast das Bedürfnis nach sozialen Kontakten und Freundschaften. Das Gefühl der Zugehörigkeit ist dir sehr wichtig. Ohne Menschen in deinem Umfeld fühlst du dich einsam.

**10. Familie:**
Du hast einen starken Wunsch, deine Elternrolle auszuleben, dich um die Kinder zu kümmern. Es gibt dir das Gefühl, gebraucht zu werden.

**11. Status:**
Du hast ein starkes Verlangen nach sozialem Ansehen und Prestige. Du fühlst dich dadurch den anderen überlegen.

**12. Rache:**
Du hast den Drang, erlittenes Unrecht zu vergelten. Du fühlst starken Ärger und möchtest dich selbst verteidigen. Du möchtest zeigen, dass du besser bist.

**13. Eros:**
Du bist ein sinnlicher Mensch und hast das Bedürfnis nach Erotik und Ekstase, dich komplett fallen zu lassen.

**14. Essen:**
Du liebst es, zu genießen. Das Aufnehmen von Nahrung ist ein wichtiger Bestandteil deines Lebens. Essen erfüllt dich mit Freude und nährt deine positiven Emotionen.

**15. Körperliche Aktivität:**
Bewegung und körperliche Betätigung sind dir sehr wichtig. Du bist sehr aktiv und vital. Bei zu starker Ausprägung kannst du auf dein Umfeld ruhelos wirken.

16. **Ruhe:**
    Du bist vorsichtig und sehnst dich nach Sicherheit, Entspannung und innerem Frieden. In deiner Ruhe liegt die Kraft.

Die Stärke der Ausprägung dieser Lebensmotive beeinflusst deine Entscheidungen und deine Motivation – genauso wie deine Ziele und dein Wohlbefinden, deine positiven und negativen Emotionen. Das Verständnis deiner eigenen Motivstruktur hilft dir, die persönliche Zufriedenheit zu steigern und zwischenmenschliche Beziehungen zu verbessern.

Du hast dir nun einen Überblick über die 16 Lebensmotive verschafft. Jetzt geht es darum, dich selbst einzuordnen:

**Welche dieser Motive sind bei dir besonders stark ausgeprägt - und welche spielen in deinem Leben eher eine kleinere Rolle?**

Die Vorlage auf der folgenden Seite unterstützt dich dabei, deine Selbsteinschätzung sichtbar zu machen. Auf dem Spinnennetz siehst du eine Skalierung von 0 bis 10. Markiere 10, wenn dein Lebensmotiv sehr stark ausgebildet ist und 0 wenn es dir nicht wichtig ist.

Gehe jedes Lebensmotiv nacheinander durch. Folge deinem intuitiven Impuls. Es gibt kein richtig oder falsch, nur deine ganz persönliche Ausprägung.

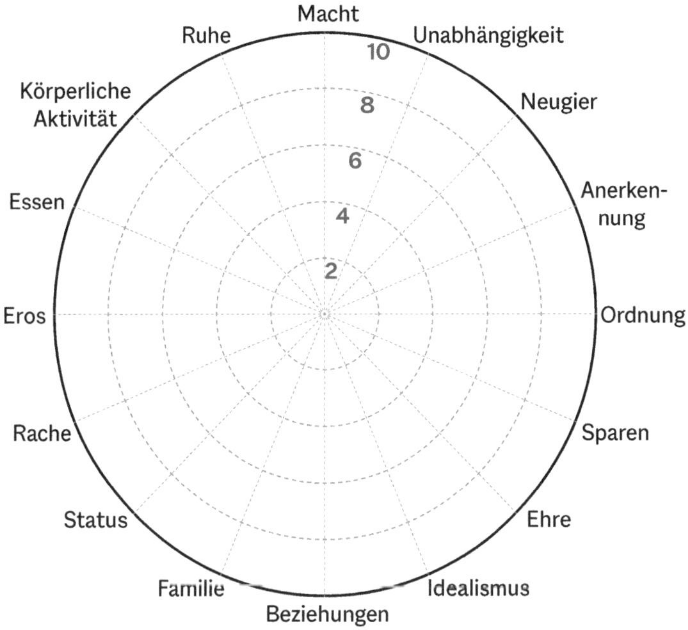


Diese Selbsteinschätzung ist ein sehr kraftvolles Reflexionswerkzeug. Es unterstützt dich, dein Verhalten besser zu verstehen. Danach kannst du gezieltere Entscheidungen für oder gegen etwas treffen und auf deiner Erfolgstreppe weitergehen.

02

**Das Spinnennetz-Diagramm macht sichtbar, was dich wirklich antreibt – und warum dir manche Dinge Energie geben, andere hingegen Kraft rauben.**

Ist beispielsweise der Wunsch nach Unabhängigkeit bei dir sehr stark ausgeprägt, brauchst du persönlichen Freiraum und wirst dich in einem Konzern mit einer sehr starren Struktur nicht wohlfühlen. Denn dir ist wichtig, eigenständig zu arbeiten, dich einbringen zu können und Entscheidungen zu treffen. Du möchtest deinen Tag selbstbestimmt gestalten. Das Ausleben deiner Unabhängigkeit unterstützt dich auch darin, dein maximales Potenzial zu entfalten. Sie ist dir sogar wichtiger als das Gehalt, wobei das eine das andere nicht ausschließt. Natürlich ist sie auch ein wesentlicher Bestandteil deines Privatlebens.

So wie bei der 38-jährigen Anna: Nach einer langjährigen Beziehung hat sie sich dazu entschieden, allein zu wohnen – nicht, weil sie keine neue Partnerin gefunden hätte, sondern weil sie ihre Freiheit genießt. Sie reist regelmäßig allein, entscheidet spontan über ihre Wochenendpläne und trifft wichtige Lebensentscheidungen selbstbestimmt – ohne Rückversicherung bei Familie oder Partnerin.
Obwohl sie ein gutes soziales Netzwerk hat, fühlt sie sich nicht abhängig von der Meinung anderer. Sie hat sich finanziell abgesichert, bildet sich weiter und verfolgt klare Ziele – auch ohne »Rückendeckung«. Für sie bedeutet Unabhängigkeit, ihr Leben selbst zu gestalten, nach ihren inneren Werten, Interessen und Bedürfnissen.

**Wie steht es um deine stark ausgeprägten Motive?**
**Wie stimmig sind diese aktuell in deinem Leben?**
**Gibt es eine Diskrepanz in deinem Privatleben oder am Arbeitsplatz?**

Wenn du willst, kannst du das in deinem Spinnennetz sichtbar machen, indem du diese beiden Bereiche mit zwei unterschiedlichen Farben darstellst. – Deine Motivstruktur ist ein wichtiger Teil deines Lebenskonzepts, ein Teil deiner Zufriedenheits-DNA. Auf deiner Erfolgstreppe führt jeder Schritt nur dann nach oben, wenn er im Einklang mit deinem inneren Antrieb steht. Wenn du also weißt, was dich aktiviert, kannst du gezielt weitergehen.

Hier ist eine weitere Situation, die dir bekannt vorkommen könnte: Ist Idealismus ein starkes Lebensmotiv, vermag dich eine ehrenamtliche Tätigkeit glücklich zu machen. Fühlst du dich bei älteren Menschen wohl, würdest du als ehrenamtliche Mitarbeiterin in einem Alten- und Pflegeheim einen wertvollen Beitrag für die Gesellschaft leisten. Das könnte ein sehr stimmiger und guter Weg auf deiner Erfolgstreppe sein, durch den du dich lebendiger fühlst.
Deine Motive sind dein innerer Kompass. Folgst du ihnen und setzt diese bewusst ein, bleibt dein Herzenswunsch nicht nur ein Traum, sondern wird früher oder später deine Realität.

Dir ist jetzt wahrscheinlich bewusst geworden, dass einige dieser Motive bereits fest in deinem Leben verankert sind. Und andere, die dir ebenfalls wichtig sind, zu wenig Aufmerksamkeit bekommen. Gibst du ihnen mehr Raum, spürst du, wie sich innere Zufriedenheit entfaltet. Dein Leben wird dann zur Herzensangelegenheit, wenn du deine innersten Motive lebst.

Das Spinnennetz wird zum Wegweiser – es hat dir eine Schatzkarte für deine innere Reise gezeigt. Sie zeigt dir die Richtung, stärkt deine Orientierung und hilft dir, deine persönliche Reiseroute bewusster zu gestalten. Und auch auf deiner Erfolgstreppe kannst du einen weiteren konkreten Meilenstein setzen, um einem der wichtigsten Lebensmotive mehr aufmerksam zu schenken und mehr davon in deinen Arbeitsalltag und in dein Privatleben zu integrieren. Du wirst sehen, dass du dich leichter und zufriedener fühlst, voll neuer Motivation, die dich regelrecht in Aufbruchsstimmung versetzt.

**Nimm diese Karte immer wieder zur Hand. Sie zeigt dir die Abkürzung zu einem Leben, das dich erfüllt.**

Unsere inneren Antriebe geben uns Halt und Richtung. Sie schaffen einen sicheren Raum aus Gedanken, Gefühlen und Handlungen. Denn letztlich streben wir immer nach der Befriedigung unserer Bedürfnisse. Sie sind es, die uns ins Handeln bringen.

Wollen wir zum Beispiel einen Abenteuerurlaub machen, dann treibt uns die Sehnsucht nach besonderen, nicht alltäglichen Erlebnissen an. Wenn unsere inneren Motive Mut und Freiheit sind, treibt uns der Wunsch an,

Neues kennenzulernen und zu erleben. Liegt unser Fokus hingegen auf Kreativität und Innovation, leitet uns der Drang, zu entdecken, zu gestalten und Neues zu schaffen.

Jede Handlung hat einen Ursprung. Wenn wir diesen verstehen, können wir bewusster mit uns selbst und mit anderen Menschen umgehen. Kennen wir unsere eigenen Werte und Bedürfnisse ebenso wie die unseres Gegenübers, bekommt das Wort »Wertschätzung« sofort eine tiefere Bedeutung.

**Wie sollen andere unsere Werte achten, wenn sie gar nicht wissen, welche uns wichtig sind?**
**Und wie können wir selbst die Menschen um uns herum respektieren, wenn wir ihre Werte nicht verstehen?**

Für gegenseitigen Respekt braucht es Transparenz und offene Kommunikation. Indem wir unsere Gedanken aussprechen, unsere Perspektiven teilen und zuhören, verleihen wir unserem Blickwinkel Gewicht. Wir können mitgestalten, beeinflussen, bewirken!

02

## *Standort deiner Reise – du bist hier:*

*Veränderung beginnt im Inneren – mit dem Mut, dich selbst wirklich zu sehen, zu verstehen und Verantwortung zu übernehmen. Dein Verhalten ist der ehrliche Ausdruck deiner inneren Haltung.*

***Du hast den zweiten Schatz für deine Schatzkiste geborgen – er schenkt dir ein tieferes Verständnis für dich selbst und dein Handeln.***

*Denn alles, was du tust, ist mehr als bloßes Verhalten: Es ist der sichtbare Ausdruck deines inneren Erlebens. Deine Gefühle, Gedanken und Überzeugungen wirken wie unsichtbare Fäden, die dein Tun lenken – oft, ohne dass du es bewusst bemerkst.*

*Besonders kraftvoll – und manchmal auch hinderlich – sind dabei deine Glaubenssätze. Sie formen dein Selbstbild, beeinflussen, was du dir zutraust und was du über dich denkst. Das Gute ist: Diese inneren Überzeugungen sind nicht in Stein gemeißelt. Du kannst sie hinterfragen, neu bewerten und verändern. Genau hier beginnt echte Veränderung – nicht im Außen, sondern mit einem inneren Entschluss: Ich will etwas anders machen. Für mich.*

*Wachstum bedeutet, Verantwortung für dich selbst zu übernehmen. Nicht im Sinne von Selbstoptimierung, sondern als liebevolle Entscheidung, dich nicht länger*

*von alten Mustern lenken zu lassen. Es geht darum, dein Leben aktiv zu gestalten – in Verbindung mit dem, was dich wirklich ausmacht.*

*Dabei spielen deine inneren Motive und Persönlichkeitsmerkmale eine zentrale Rolle. Sie beeinflussen maßgeblich dein Wohlbefinden – ob du dich lebendig und stimmig fühlst oder getrieben und entfremdet. Wenn du weißt, was dich nährt, kannst du bewusster gestalten, was dir guttut.*

*Und schließlich: Visionen brauchen Bilder. Innere wie äußere. Stell dir vor, wie dein Leben aussehen könnte, wenn es sich nach dir anfühlt. Male dir ein Bild – im Kopf, im Herzen oder auf Papier. Denn alles, was du klar vor dir siehst, wird greifbar. Und alles, was greifbar wird, kann Wirklichkeit werden.*

***Weitere Route:***

*Deine innere Stimme kennt den Weg: Sie flüstert dir zu, was dich erfüllt, stärkt und in Bewegung bringt. Trainiere dich, ihr zuzuhören – Selbstführung beginnt innen und wirkt außen.*

# 03

# Deine innere Stimme - Wegbegleiter und Kraftquelle

03

## Erste Erkenntnisse - deine inneren Schätze

**Die ersten Diamanten** deiner Reise – Erkenntnisse und Aha-Momente – funkeln bereits in deiner Schatzkiste. Du hast dich und deine Motive besser kennengelernt. Du verstehst jetzt, welche Bedürfnisse zu befriedigen sind und hast somit auch mehr Klarheit über deine Verhaltensweisen gewonnen.

Du hast erkannt, wie vielschichtig du bist – und damit auch, wie wichtig es ist, andere Menschen dort abzuholen, wo sie gerade stehen. Jeder befindet sich an einer anderen Haltestelle des Lebens. Aber wir alle wünschen uns Zufriedenheit, Gesundheit und das Gefühl, endlich angekommen zu sein.

Ständig auf der Suche zu sein, ist anstrengend – aber aufgeben ist keine Option. Achte auf deinen Energiehaushalt und teile dir deine Kraft gut ein. Der Jakobsweg wird auch nicht im Laufschritt gegangen. Es geht nicht darum,

als Erster am Ziel zu sein. Dein Weg ist das Ziel. Wenn du nach jedem Abschnitt innehältst, kannst du wahrnehmen, was sich in dir bewegt und verändert. Wissen allein reicht nicht – erst die Umsetzung deiner Einsichten bringt dich weiter und unterstützt die von dir ersehnte Veränderung.

## Lebensfreude im Kalenderformat

- → **Du suchst nach deinem Lebensglück?**
- → **Du willst wissen, wer du bist und was dich ausmacht?**
- → **Dich interessiert, wie dein perfekter Alltag aussieht - einer, in dem du deine Werte und Bedürfnisse lebst, statt nur zu funktionieren?**

Dann lade ich dich zu einer besonderen Übung ein: einer Fantasiereise. Gemeinsam gestalten wir deinen idealen Arbeitstag – so, wie du ihn dir von Herzen wünschst. Ohne Einschränkungen. Ohne innere Kritiker. Ohne »Aber«. Dafür mit Leichtigkeit, Klarheit und einem offenen Herzen.

Um Grenzen im Kopf gar nicht erst aufkommen zu lassen, bedienen wir uns der kreativen »Walt-Disney-Methode«. Sie lädt dich ein, deine Gedanken bewusst in verschiedene Rollen zu kleiden, damit Ideen nicht vorschnell verworfen, sondern erst in ihrer Tiefe ergründet werden. So entsteht ein geschützter Raum, in dem Visionen wachsen dürfen, bevor sie den Realitätstest durchlaufen.

Die Methode unterscheidet drei innere Rollen:

- → **Der Realist** prüft Machbarkeit.
- → **Der Kritiker** sucht nach Schwachstellen.
- → **Der Träumer** entfesselt deine inneren Möglichkeiten.

In dieser Übung bekommt allein der Träumer das Wort. Dein inneres Potenzial darf sich zeigen. Es geht darum, jenseits von Alltag und Konvention zu denken – frei, mutig und groß. Denn dein Traumalltag darf sich nach dir anfühlen. Der Startpunkt ist deine bewusste Vorstellung davon. Damit du leichter in die Übung findest, nehme ich dich mit in meinen idealen Arbeitstag. Vielleicht spürst du beim Lesen schon, was dich selbst anspricht – und was du ganz anders machen würdest.

Mein »idealer Arbeitstag« sieht vor, um sieben Uhr aufzustehen, mich in Ruhe im Bad fertig zu machen, meine beiden Kater Charlie Chaplin und Elvis Presley zu versorgen und meine Tasse Kaffee beim Frühstücksfernsehen Café Puls auf Puls 4 zu genießen. Im Anschluss verschaffe ich mir einen Überblick über die Termine, bearbeite meine Mails und gratuliere den Geburtstagskindern des Tages. Im Fitnesscenter mache ich dann Krafttraining, genieße die Sauna und lasse den Vormittag in der Relax-Zone ausklingen. Ich bearbeite in diesem entspannten Umfeld meine aktuellen Projekte und starte voller Kraft und Energie in den Tag. Mein Körper, mein Geist und meine Seele sind zufrieden, ich habe meine ganz persönliche Ich-Zeit genossen.

Ich bin gestärkt und bereit für meine vier Klienten im Einzel-Coaching – ich freue mich darauf, sie bei ihrer Transformation begleiten zu dürfen. Zwei davon kommen zu mir in die Beratungsräume und zwei treffe ich online via Zoom. An zwei Tagen im Monat leite ich eine Team-Klausur. Wir gehen gemeinsam auf Schatzsuche – anstatt auf Fehlersuche – und arbeiten zukunftsorientiert.

Am Abend treffe ich eine Freundin und genieße den Austausch oder gehe mit meinem Mann Bernhard zu einer Netzwerk-Veranstaltung. Wir genießen es, neue Menschen kennenzulernen und neues Wissen in unseren »Werkzeugkoffer« zu packen. Das Pflegen von Beziehungen sowie Fort- und Weiterbildung sind ein wichtiger Teil meines idealen Arbeitstages.

Hast du meine Lebensmotive in meinem beruflichen Alltag erkannt? *Unabhängigkeit, körperliche Aktivität, Beziehungen* und *Neugier*. Das ist mein ganz persönliches Motivationsteam.

Eine Kollegin hat mich vor einiger Zeit gefragt: *»Wie schaffst du das alles, wie bringst du so viel in einem Tag unter und strahlst dabei auch noch von innen?«* Na ja, ich mache das, was ich liebe, folge meinem inneren Bedürfnis, bin somit in meiner Kraft, in meiner inneren Balance. Und das ist mein Geheimnis, das ich hier mit dir teile.

Diese Klarheit habe ich mir erarbeitet, und genau das wollen wir auch bei dir schaffen!

03

**Was willst du? Was brauchst du? Was erfüllt dich? Was motiviert dich? Was bringt dich ins Tun? Was unterstützt dich, in deiner Kraft zu sein? Was ist der richtige Rahmen, das passende Umfeld für deine Tätigkeit und warum?**

Ich schreibe neue Team-Coaching-Konzepte am liebsten in Kaffeehäusern, da bin ich am kreativsten. Ich beobachte gerne Menschen, sie inspirieren mich. Ich habe gerne viele Leute um mich, liebe den Duft von Kaffee in der Luft und das Interieur der alten Wiener Kaffeehäuser – da fühle ich mich wohl.

Ein Leben in Harmonie fühlt sich leicht und lebendig an – dann, wenn deine Werte, Ziele, Energie und inneren Ressourcen miteinander im Einklang schwingen. Diese innere Harmonie ist wie eine gut gestimmte Saite, die den richtigen Ton trifft und dein ganzes Sein zum Klingen bringt. Inmitten aller äußeren Anforderungen zeigt dir dein Herzenswunsch den Weg. Er ist dein innerer Kompass und erinnert dich immer wieder daran, wer du wirklich bist und was dir wirklich wichtig ist.

## Von meinem Tag zu deinem: Visualisiere deinen idealen Arbeitstag

**Wie du siehst,** ist mein Tag geprägt von Autonomie, Austausch, Kreativität und Bewegung – meinen wichtigsten Lebensmotiven.

Jetzt bist du an der Reihe:

- → **Was ist dir wichtig?**
- → **Was erfüllt dich?**
- → **Was bringt dich in Balance, in deine Kraft?**
- → **Welche Umgebung, welche Menschen, welche Aufgaben stärken dich?**

Schließe die Augen, atme tief durch – und stell dir vor, du wachst an einem ganz besonderen Tag auf: deinem idealen Arbeitstag. Alles ist möglich. Es gibt keine Einschränkungen.

***Lass dich von den folgenden Fragen inspirieren, um ein lebendiges Bild entstehen zu lassen:***

***Morgens:***

***Wann stehst du auf – und wie fühlst du dich dabei?***

***Wie beginnst du deinen Tag? Hast du feste Rituale?***

03

***Wo befindest du dich? In welchem Land oder welcher Umgebung wohnst du?***

***Lebst du mitten in der Stadt, in einem ruhigen Dorf, am Meer oder in den Bergen?***

***Was siehst du, wenn du aus dem Fenster schaust?***

## *Auf dem Weg zur Arbeit:*

***Wie weit ist dein Arbeitsplatz von deinem Wohnort entfernt?***

***Wie ist dein Arbeitsweg? Gehst du zu Fuß, fährst du mit dem Rad, Auto oder öffentlichen Verkehrsmitteln?***

***Wie lange bist du unterwegs – und was machst du währenddessen?***

## *Am Arbeitsort:*

***In welcher Branche arbeitest du und welches Tätigkeitsfeld deckst du ab?***

03

*Was genau machst du dort? Welche Aufgaben erfüllen dich besonders?*

*Wie sieht dein Arbeitsplatz aus – modern, gemütlich, kreativ, ruhig?*

*Was begeistert dich an der Kultur dieses Unternehmens oder Umfelds?*

***Was trägt dazu bei, dass du dich dort wohlfühlst?***

## *Die Menschen an deiner Seite:*

***Mit wem verbringst du deinen Arbeitstag?***

***Welche Eigenschaften haben die Menschen, mit denen du arbeitest? Wie prägen sie die Atmosphäre vor Ort?***

*Welche Grenzen hast du gezogen, um in deiner Kraft zu bleiben?*

## *Pausen und Ausgleich:*

*Wie gestaltest du deine Pausen?*
*Was tut dir gut zwischendurch?*

*Nimmst du dir bewusst Zeit für dich – und wie gestaltest du diese?*

## *Abschluss des Tages:*

***Wann und wie beendest du deine Arbeit?***

## *Was gehört für dich zu einem erfüllten Feierabend?*

***Wie möchtest du dich fühlen, wenn du abends ins Bett gehst?***

Wenn dein Tag genau so aussehen würde:

- → **Wie viel erfüllter, verbundener, lebendiger würdest du dich fühlen?**
- → **Was hat dich besonders begeistert oder überrascht?**
- → **Welche Werte und Bedürfnisse haben sich gezeigt?**

Mit dieser Klarheit beginnt deine Reise. Du musst nicht heute alles ändern. Aber du darfst erkennen, was du willst – und beginnen, Tag für Tag deinem Ideal ein Stück näher zu kommen.

03

## Im Fluss sein - dein Tagesrhythmus als Lebensenergie

**Um deinen Tagesablauf** sichtbar zu machen, skizzieren wir deinen Tagesfluss. Stell dir deinen beruflichen Alltag wie einen Fluss vor. Morgens, mit dem Sonnenaufgang, beginnt deine Reise. Du bestimmst, was geschieht: welche Tätigkeiten dir wann guttun, wann du Pausen brauchst. Am Ende des Tages – an der Mündung des Flusses – blickst du zurück: Was hat dich erfüllt?

Auf dem nächsten Arbeitsblatt (Seite 112) findest du den Fluss bildhaft dargestellt. Trage deine sechs Stationen entlang des Flusses ein – vom Aufwachen bis zum Feierabend. Die Zebras stehen für die Pausen, deine Achtsamkeit und Balance.

So könnte das aussehen:

→ **Erstes Feld** (Start: Sonnenaufgang)
**Aufwachen & Einstimmen**
Ich starte gelassen in den Tag – mit bewusster Atmung, einem Glas Leitungswasser mit Zitrone und einem kurzen Blick auf das, was heute wichtig ist.

→ **Zweites Feld** (erstes Zebra: erste Pause)
**Achtsamer Einstieg**
Nach der ersten Stunde Arbeit gönne ich mir zehn Minuten Pause, trinke eine Tasse Kaffee und lasse meine Gedanken schweifen.

→ **Drittes Feld** (Vormittag: Fokuszeit)
**Konzentration & Kreativität**
Jetzt arbeite ich konzentriert an meinen wichtigsten Aufgaben – mit klarem Kopf und voller Energie.

→ **Viertes Feld** (zweites Zebra: Mittagspause)
**Auftanken & Durchatmen**
Ich esse achtsam und in Ruhe, ohne Bildschirm, gehe eine Runde an die frische Luft, um neue Kraft zu schöpfen.

→ **Fünftes Feld** (Nachmittag: Kommunikation & Umsetzung)
**Austausch & Klarheit**
Ich führe Gespräche, kläre offene Punkte, erledige E-Mails und schließe Aufgaben ab – strukturiert und lösungsorientiert.

→ **Sechstes Feld** (drittes Zebra: Abschluss)
**Feierabend & Rückblick**
Ich beende meinen Tag mit einem kurzen Check: Was war heute schön? Was darf morgen anders sein? Dann lasse ich bewusst los, um unbeschwert in den Feierabend zu gehen.

Diese Übung hilft dir, deine Energie gezielter einzusetzen und deinen Alltag so zu gestalten, dass er dich stärkt – nicht stresst. Du bestimmst den Rhythmus. Und wenn du magst, darfst du dein eigenes »Zebra« auch mitten am Tag tanzen lassen.

### *Im Fluss sein – dein Tagesrhythmus als Lebensenergie*

## Pflege das, was dich lebendig macht

**Menschen schaffen** Räume, und diese Räume beeinflussen wiederum die Menschen. Das Arbeitsumfeld kann noch so großartig sein – wenn die zwischenmenschliche Interaktion nicht stimmig ist, fühlst du dich unwohl.

**Deshalb: Pflege Beziehungen mit Menschen, deren Werte mit deinen harmonieren.**

Du wirst merken, wie viel leichter sich dein Alltag anfühlt, wenn du im Einklang mit deinem sozialen Umfeld bist – beruflich wie privat.

Ein starkes **Wir**-Gefühl beginnt immer bei dir.

Doch was, wenn sich etwas nicht (mehr) stimmig anfühlt?

Unzufriedenheit entsteht oft, wenn deine aktuelle Lebenssituation nicht mehr zu deinem inneren Selbst passt – und innerer Widerstand spürbar wird. Statt der Ursache auf den Grund zu gehen, lenken wir uns oft ab: wir scherzen, putzen, organisieren, arbeiten zu viel ... Alles nur, um dem Unbehagen zu entkommen. Kurzfristig hilft das vielleicht – langfristig kehrt das ungute Gefühl jedoch zurück.

03

> ***Motivation entsteht nicht durch die Erwartungen anderer, sondern durch das bewusste Integrieren der eigenen Lebensmotive.***

## Übernimm Verantwortung

**Warte nicht,** bis das Fass sprichwörtlich überläuft oder sich deine seelische Unzufriedenheit körperlich zeigt. Übernimm Verantwortung für dein Leben und mach es dir lebenswert. Denn: Du bist für dich und dein Glück selbst verantwortlich.

Ein treffendes Sinnbild dafür ist das Tamagotchi – ein kleines japanisches Spielzeug in Form eines virtuellen Haustiers, das nur funktioniert, wenn es regelmäßig versorgt wird.

So ist es auch mit deiner Motivation: Ohne Pflege stirbt sie. Nimm sie ernst. Gib ihr, was sie braucht – Pausen, Reflexion, ehrliche Entscheidungen und klare Kommunikation.

## Die Rückkehr in deine Lebenskraft

**Wenn du** dich schon längere Zeit in einer herausfordernden Situation befindest, hat das Kraft gekostet. Vielleicht denkst du dir: *»Ich verschwende hier meine Lebenszeit und Energie.«* Der Sinn deiner Tätigkeit ist dir abhandengekommen. Du fühlst dich häufig ausgelaugt, wirst öfter krank, und selbst in deiner freien Zeit gelingt es dir kaum noch, dich wirklich zu erholen. Dein Körper sendet dir eindeutige Signale – Signale dafür, dass etwas nicht mehr stimmt, dass es zu viel geworden ist. Oft spiegelt sich in dieser körperlichen Erschöpfung seelische Unzufriedenheit wider.

Das kann verschiedene Gründe haben. Möglicherweise kannst du deine Grundbedürfnisse nicht mehr erfüllen oder deine Werte werden verletzt. Du hast das Gefühl, ständig gegen Windmühlen zu kämpfen, viel zu machen und dennoch nicht voranzukommen. Verändere deine Position, entziehe dich dem Gegenwind und atme durch.

Du brauchst eine Pause, Abstand von allem, Zeit für dich – um wieder aufzutanken, dich zu sortieren und innerlich neu auszurichten.

Gerade in solchen Momenten ist es wichtig, dass du dir bewusst machst, womit du deine Tage verbringst. Oft tun wir nicht zu viel, sondern zu wenig von dem, was wichtig ist und was uns stärkt. Wir vermeiden herausfordernde Situationen, weil wir uns nach Harmonie sehnen. Doch in dem Versuch, Konflikten auszuweichen, schaffen wir innere Disharmonie. Die Augen vor dem zu verschließen, was uns belastet, löst das Problem nicht – im Gegenteil: Es vergrößert es. Sich schwierigen Situationen zu stellen, ist nicht einfach, vor allem wenn das Thema emotional behaftet ist. In schwierigen Momenten zeigt sich, wie jemand mit sich selbst und anderen umgeht. Besonders in Konfliktsituationen treten unsere gewohnten Muster zutage. Manche Menschen passen sich an wie ein Chamäleon, weil es ihnen schwerfällt, klare Grenzen zu setzen. Andere verhalten sich wie ein Hund, der sich nichts sehnlicher wünscht, als von allen gemocht zu werden. Dann gibt es jene, die laut und dominant auftreten wie ein Löwe – erst wird gebrüllt, später vielleicht erklärt. Und wieder andere ziehen sich wie eine Schildkröte in ihren Panzer zurück, tun so, als wären sie gar nicht da, und hoffen, dass alles vorbeigeht.

Hast du dich selbst oder Menschen aus deiner Umgebung in diesen bildhaften Vergleichen des Agierens wiedererkannt? Diese Verhaltensmuster sind nicht einfach da – sie haben sich über Jahre entwickelt. Sie waren einmal sinnvoll, vielleicht sogar überlebenswichtig. Aber das bedeutet nicht, dass sie heute noch hilfreich sind.

**Doch jetzt die wichtige Erkenntnis:** Wir können unser Verhalten ändern. Wir können unser Leben verändern und wir können Verantwortung für uns selbst übernehmen.

Es beginnt damit, dass du dir klarmachst, was dir wichtig und für dich wertvoll ist. Welche Kompromisse du bereit bist einzugehen – im privaten wie im beruflichen Kontext –, ohne dich dabei selbst zu verlieren. Wenn du deine Grenzen immer wieder missachtest, entfernst du dich Stück für Stück von deiner inneren Balance und du gerätst in Schieflage. Die Folge ist Unzufriedenheit.

Du spürst, dass du nicht mehr im Einklang mit dir selbst bist. Der innere Frieden geht verloren.

> Um das zu ändern, lohnt es sich, dein Leben unter die Lupe zu nehmen.

→ **Wo liegt die Ursache für deine Frustration oder deinen inneren Konflikt?**
→ **Woher kommt dieses Gefühl der Leere, der Erschöpfung oder Orientierungslosigkeit?**

Wir werden uns im Folgenden gemeinsam einen Überblick über deinen Alltag verschaffen. Wir werden sehen und besser verstehen, worin du aktuell deine Lebenszeit investierst – wie viel Energie und Aufmerksamkeit du auf Partnerschaft, Familie, Freundschaften, Arbeit, Haushalt, Freizeit, Entwicklung oder andere Lebensbereiche verwendest. Wir werden feststellen, ob das noch deinem Idealbild entspricht oder ob du gerne eine andere Aufteilung hättest.

Vielleicht stellst du fest, dass du derzeit etwa siebzig Prozent deiner Zeit mit Arbeit verbringst, aber eigentlich mehr Kapazitäten für deine Familie, deine Freunde oder Hobbys haben möchtest.

In diesem Fall überlege dir, wie du die Gewichtung verändern kannst.

→ **Wieviel Raum willst du der Arbeit künftig noch geben?**
→ **Und in welche der anderen Bereiche willst du stattdessen mehr Zeit investieren?**

Das bedeutet nicht unbedingt, dass du Arbeitsstunden reduzieren musst. Das Setzen von Prioritäten kann deinen Arbeitstag geordneter und effizienter gestalten. Auch reduzierte Ablenkungen können dir mehr Produktivität ermöglichen. Überstunden reduzieren sich – und siehe da, schon hast du Zeit gewonnen.

Sobald du die nachfolgende Übung gemacht hast, siehst du den Unterschied zwischen deinem Ist-Zustand und deinem Wunschbild auf einen Blick.

Das ermöglicht dir, auf deiner Erfolgstreppe weiterzugehen. Überlege dir konkret, was du brauchst, um deinem

Ziel näher zu kommen. Hier ein Beispiel: Wenn du dir mehr Raum für deine Hobbys wünschst und schon lange davon träumst, Klavier spielen zu lernen, dann überlege dir, was du dafür brauchst. Vielleicht einen Klavierlehrer oder eine Musikschule in deiner Nähe. Mach dir Gedanken darüber, wie oft du Unterricht nehmen möchtest, welcher Wochentag und welche Uhrzeit für dich passend sind und welches Budget du dafür einplanen kannst. Je klarer und konkreter du deine nächsten Aktionen formulierst, desto eher wirst du sie umsetzen.

Angenommen, du möchtest künftig fünf Prozent mehr Zeit in dieses Hobby investieren, dann wirst du diese fünf Prozent in einem anderen Lebensbereich reduzieren müssen. Um deinen Wunsch konkret werden zu lassen, triffst du eine klare Entscheidung: Du nimmst alle zwei Wochen eine Klavierstunde, beispielsweise montags von elf bis zwölf Uhr. So beginnst du deine Woche mit einem bewussten Moment nur für dich.

Plötzlich ist dein Ziel greifbar nah. Setze ein klares Zeichen – trag den Termin jetzt in deinen Kalender ein. Nur was im Kalender steht, wird auch Realität. Schaffe dir bewusst Raum für deine Handlungen. Tust du das nicht, bleibt es bloß ein schöner Gedanke – ein Traum, der nur in deinem Kopf lebt.

03

## Anleitung zur Lebens-Balance-Übung: »Wo stehst du und wo möchtest du hin?«

**Jetzt darfst du** aktiv werden! Nutze diese kraftvolle *»Lebens-Balance-Methode«* und gestalte dein Leben neu – bewusst, achtsam und im Einklang mit dem, was dir wichtig ist. Diese Übung hilft dir, Klarheit darüber zu gewinnen, wie du deine Lebenszeit aktuell auf verschiedene Bereiche verteilst – und wie du sie in Zukunft bewusst und erfüllend gestalten möchtest.

**Als Einstieg:** Teile 100 % auf deinen aktuellen IST-Zustand auf. Überlege dir:

→ **Wie viel deiner Zeit und Energie fließt derzeit in die einzelnen Bereiche deines Lebens?**

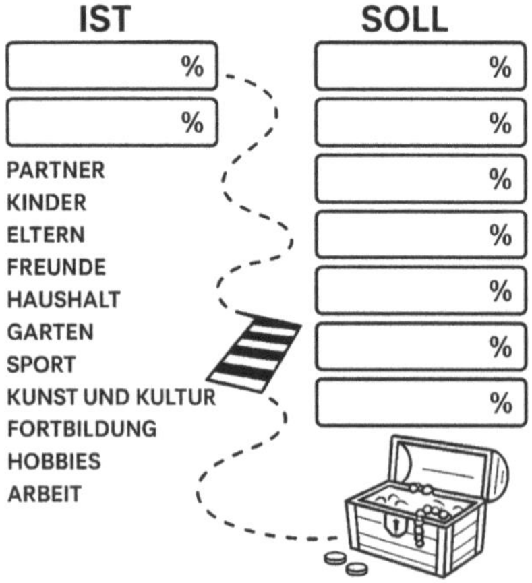


Du hast 100 % zur Verfügung, die du auf folgende Bereiche aufteilen kannst: Partner, Kinder, Eltern, Freunde, Haushalt, Garten, Sport, Kunst und Kultur, Fortbildung, Hobbies, Arbeit.

**Eine aktuelle IST-Verteilung kann sein:**
Partner 20 %, Eltern 10 %, Freunde 5 %, Haushalt 5 %, Garten 5 %, Sport 5 %, Kunst und Kultur 12 %, Fortbildung 15 %, Hobbies 5 %, Arbeit 18 %.

Trage in der Tabelle auf Seite 122 deine aktuelle Lebensbereich-Verteilung links in die IST-Spalte ein.

Nachdem du das gemacht hast, beschäftige dich mit dem SOLL-Zustand. Frage dich:

→ **Wie möchtest du deine Zeit idealerweise in der Zukunft aufteilen?**
→ **Was ist dir wichtig?**
→ **Wo möchtest du mehr (oder weniger) Energie investieren?**

Trage diese Werte rechts in die SOLL-Spalte ein.

Wenn du beide Spalten befüllt hast, vergleiche sie:

→ **Was ist anders?**
→ **Wo brauchst du Veränderung?**
→ **Welche Lebensbereiche sind aktuell über- oder unterrepräsentiert?**
→ **Welche vernachlässigst du, obwohl sie dir wichtig wären?**
→ **Was fehlt dir gerade – und welchen Bereichen möchtest du mehr Platz in deinem Leben geben?**

Notiere dir, wo genau du Veränderung haben möchtest.

03

***Trage in dieser Tabelle deine aktuelle Lebensbereich-Verteilung links ein.***

| *Lebensbereich* | *IST (%)* | *SOLL (%)* |
|---|---|---|
| **Partner** | .................... | ........................ |
| **Kinder** | .................... | ........................ |
| **Eltern** | .................... | ........................ |
| **Freunde** | .................... | ........................ |
| **Haushalt** | .................... | ........................ |
| **Garten** | .................... | ........................ |
| **Sport** | .................... | ........................ |
| **Kunst & Kultur** | .................... | ........................ |
| **Fortbildung** | .................... | ........................ |
| **Hobbies** | .................... | ........................ |
| **Arbeit** | .................... | ........................ |
| **Garten** | .................... | ........................ |
| ***Gesamt*** | ***100 %*** | ***100 %*** |

Jetzt hast du sehr viel über dich erfahren, vor allem darüber, worin du deine Energie investierst. Damit die Veränderung gelingt, brauchst du jetzt konkrete Handlungen, um vom IST zum SOLL zu gelangen. Überleg dir deshalb: **Was kannst du konkret tun?**

Ich gebe dir zwei Beispiele:

1. **Mehr Freunde-Zeit (von 5 % auf 8 %) Aktion:**
   Jeden zweiten Freitag einen festen Abend mit Freunden einplanen.

2. **Mehr Sport (von 5 % auf 8 %) Aktion:**
   Jeden Dienstag und Samstag eine feste Sporteinheit (zum Beispiel Krafttraining oder Laufen).

Schon kleine, gezielte Handlungen können dich spürbar in Richtung deines Wunschlebens bewegen. Es geht nicht um Perfektion, sondern um Bewusstheit und Balance. Deine Lebensphasen verändern sich – und mit ihnen darf sich auch deine Zeitverteilung wandeln.

Beantworte folgende Fragen ab Seite 124 schriftlich ...

03

1. ***Welche Bereiche sind im IST-Zustand überrepräsentiert?***

2. ***Welche sind unterrepräsentiert oder fehlen ganz?***

3. ***Wo wünschst du dir mehr Lebensfreude und Energie?***

> ***Du hast alles in dir, um deine Lebenszeit so zu gestalten, dass sie sich reich, sinnvoll und erfüllend anfühlt.***

**4. *Welche konkreten Veränderungen möchtest du anstoßen und wie erreichst du diese?***

***Diese Erkenntnisse packe ich in meine Schatzkiste:***

# 03

Herzlichen Glückwunsch – du hast wieder eine wichtige Entscheidung getroffen. Jetzt ist es an der Zeit, entsprechend zu handeln.

Jedes mutige Vorangehen bringt dich weiter und macht dich innerlich stärker.

So kommst du deinen Zielen näher, feierst deine Fortschritte und wächst an ihnen. Das alles stärkt nicht nur dein Selbstvertrauen, sondern auch deine psychische Stabilität – und genau das macht dich langfristig glücklich.

Nimm dir ein bisschen Zeit, um die kleinen und großen Glücksmomente bewusst wahrzunehmen. Genieße sie – denn sie nähren dich, sie geben dir Kraft und zeigen dir die Richtung zu einem erfüllten Leben.

*Fülle dein Leben mit Augenblicken des Glücks.*

## Die Melodie deines Lebens – wie du deine Ressourcen einsetzt

**Du hast begonnen,** deine innere Stärke wiederzuentdecken. Du hast erfahren, wie wichtig es ist, dich selbst zu motivieren, zu schützen und bewusst in deine Kraft zu kommen. Nun richten wir den Blick auf all das, was dir bereits zur Verfügung steht, um dein Leben aktiv und stimmig zu gestalten: deine Ressourcen.

Dinge werden Realität, wenn du ihnen deine Aufmerksamkeit schenkst. Lenkst du diese Empfänglichkeit auf das, was deine Seele ermutigt, entsteht eine harmonische Resonanz in deinem Körper und Geist. Stell dir deinen Körper wie einen Resonanzkörper vor. Der Resonanzkörper eines Musikinstruments verstärkt die Schwingungen der Saiten, Luftsäulen oder Membranen, indem er mitschwingt und die entstehenden Schallwellen in den Raum abstrahlt. Dadurch wird der Ton lauter, voller und klangreicher wahrgenommen. Der Rhythmus bestimmt, wann und wie oft Schwingungen angeregt werden. Er wirkt sich auf die Klangdynamik und den Nachhall aus, indem er die Impulse steuert, die der Resonanzkörper verstärkt. Jeder Mensch hat seinen eigenen Rhythmus und durch die gesetzten Impulse eine einzigartige Lebensmelodie. Diese entfaltet sich, wenn du die Ressourcen-Tasten auf deinem ganz persönlichen Lebensklavier anschlägst – Resonanz bekommt, was Resonanz gibt.

Und jetzt gehst du mit dir in Resonanz.

→ **Kennst du deine Kraftquellen, die dich an herausfordernden Tagen darin unterstützen, den Druck rauszunehmen und mit Leichtigkeit weiterzugehen?**
→ **Weißt du, welches musikalische Lebensstück du spielst, welche Ressourcen-Tasten du drückst?**
→ **Spürst du, welche Melodien dich stärken, inspirieren oder sogar heilen können?**

Je besser du dich und deine inneren Schätze kennst und nutzt, desto vielseitiger kannst du auf Herausforderungen reagieren oder – noch besser – bewusst agieren, um die gewünschte Wirkung zu erzielen.

Stell dir ein Klavier vor. Jede Klaviertaste steht für eine Kraftquelle in deinem Leben. Doch Vorsicht: Wenn du immer nur dieselbe Taste anschlägst, wird deine Lebensmelodie langweilig und monoton. Vielleicht entsteht daraus sogar eine Abhängigkeit – wie bei Pascal …

Zum beruflichen Ausgleich ging der Unternehmensberater joggen. Doch das Laufen ist zur Sucht geworden. Er hat sich stets derselben Ressource bedient, dieselbe Taste gedrückt. Ein Marathon folgte dem nächsten, bis er sich eines Tages verletzte. Er war müde und konnte nicht mehr. Seine Kraft-Ressource transformierte sich in eine Gefahr.

Zu viel von einer Sache tut uns nicht gut, egal was es ist. Viel kraftvoller und stimmiger ist es, die ganze Klaviatur zu spielen und unterschiedliche Melodien für eine Lebenssituation zu kreieren. Mein persönliches Lied für Entspannung besteht aus den Tasten: Tanzen, Unkraut jäten, Schwimmen, Saunieren, Meditieren, Lesen, Freunde treffen.

Setz dich virtuell vor ein Klavier und schreibe auf jede Taste, was dich erfüllt, stärkt, glücklich macht. Danach kannst du dir überlegen, welche Tastenkombination dich bei welchem Thema unterstützt – versuch es!

Jede Taste steht für eine Ressource, für einen Aspekt deines Lebens, der dich stärkt: vielleicht die *Freude am Malen*, die du lange vergessen hattest, die *Begeisterung für ein Handwerk*, das dich kreativ erfüllt, oder die *gemeinsame Zeit mit Freunden*, die dir Geborgenheit schenkt.

Neben energiebringenden Tätigkeiten gibt es auch innere Ressourcen wie *Selbstvertrauen, Resilienz, Selbstreflexion und Motivation.* Und dann sind da noch die sozialen Ressourcen. Dazu zählen *Freundschaften, Familie, dein privates oder berufliches Netzwerk, Mentoren oder Kollegen*. Ebenso bedeutend sind materielle und organisatorische Ressourcen wie *Zeit, Geld, Arbeitsplatz, technische Geräte, Software, Bücher, Weiterbildungen* oder dein *gesammeltes Wissen*. Auch deine körperliche Kraft ist ein wichtiger Teil deiner inneren Klaviatur: *Gesundheit, Energie, Ausdauer, Schlaf* und eine *gute Ernährung*. Schließlich sind auch *deine Erfahrungen, deine Ausbildung* und *deine Fachexpertise* wertvolle Potenziale.

***Um deine inneren Schätze sichtbar zu machen, kannst du jetzt dein eigenes Ressourcenklavier gestalten:***

Nimm dir ein großes Blatt Papier, zeichne darauf die 88 Tasten der Klaviatur (52 weiße, 36 schwarze) und schreibe auf jede Taste eine Ressource, eine Kraftquelle oder Fähigkeit, die dir zur Verfügung steht. Schreib einfach drauf los – go with the flow!

Alternativ kannst du eine Excel-Tabelle nutzen, ein Online-Tool verwenden oder Post-its nebeneinander auf eine Fläche kleben – zum Beispiel an einen Schrank oder an die Wand. Auf jedem Post-it steht dabei nur eine Ressource. Wenn du alle notiert hast, kannst du sie anschließend nach Themenbereichen sortieren und clustern.

Lass deinen Gedanken bei dieser Übung freien Lauf.

→ **Was tut dir gut?**
→ **Was entspannt dich?**
→ **Was lässt dich wachsen und aufblühen?**
→ **Was ist Balsam für deine Seele?**

Ich gebe dir gerne einen Einblick in meine Ressourcenklaviatur. Darauf finden sich Krafttraining, Sauna, Massage, Lesen, Schlafen, Kochen, Gäste einladen, Unkraut jäten, Klavier spielen, Schwimmen, Fotografieren, Musical- und Theaterbesuche, Walken, Laufen, Meditieren, Katzen streicheln, Netzwerken, Freundinnen treffen, Weiterentwicklung, ein Glas Wein, Essen gehen, Ausmisten, Bowling, Billard, Bogenschießen, Yoga, Grillen, Tanzen, Zumba, Reisen, in der Sonne liegen, Netflix, Philosophieren, Stadtbummel, Schreiben, Gesellschaftsspiele, Crime Dinner, Wandern, neue Rezepte ausprobieren, Ausstellungen besuchen, neue Städte erkunden, ehrenamtliches Engagement, Salsa tanzen, Fasten, Fortbildung, Kooperationen, Ich-Zeit, Calendly-Software, ChatGPT, Laptop, Kabarett – und vieles mehr.

***Du darfst alles aufschreiben, was dir einfällt. Bewerte nichts. Auch wenn du etwas schon lange nicht mehr gemacht hast, es aber früher geliebt hast – schreib es auf.***

Vielleicht fällt dir am Anfang nicht alles ein, aber deine Klaviatur darf wachsen. Und selbst wenn dir im Moment nur fünf Ressourcen einfallen, ist das vollkommen in Ordnung. Umso wichtiger ist es, dich mit dieser Methode weiter auseinanderzusetzen, um herauszufinden, was dich noch unterstützen könnte.

Wenn du deine Tasten befüllt hast, sortiere sie nach Bereichen. Themenfelder könnten zum Beispiel *Kreativität, Entspannung, Bewegung, Digitales, Kulinarik, Reisen und Kultur* sowie *Soziales und Gemeinschaft* sein. Ideal ist es, wenn du in jedem dieser Bereiche mindestens eine Ressource hast. Ist ein Bereich zu stark vertreten, kann das auf ein Ungleichgewicht hinweisen. Wenn du deine Kraft etwa ausschließlich aus dem Bereich Sport schöpfst, wie in Pascals Beispiel, könnte das ein Zeichen für eine einseitige Abhängigkeit sein. Beziehst du deine Kraft fast ausschließlich aus Essen und Trinken, ist das ebenfalls ein wichtiges Signal. Achte auf dich – liebevoll, aber ehrlich.

Das Ressourcenklavier unterstützt dich dabei, dich selbst besser wahrzunehmen. Du erkennst vielleicht, dass manche deiner bisherigen Kraftquellen deinem Körper, deinem Geist oder deiner Seele nicht gutgetan, vielleicht sogar deiner Gesundheit geschadet haben. Dann ist es hilfreich, dir zu überlegen, welche neue Art der Unterstützung du stattdessen in dein Leben integrieren möchtest. Es fällt uns Menschen oft leichter, eine Handlung durch eine andere zu ersetzen. Die alte Handlung war ein Teil deiner bisherigen Lebensmelodie. Da jede Melodie in dir eine bestimmte Emotion auslöst, dich auf eine bestimmte Weise berührt, kannst du jetzt die ideale Melodie für dein weiteres Leben finden – eine, die dich beflügelt, trägt und in deiner gewünschten Transformation unterstützt.

Je besser du dich selbst kennst, desto bewusster kannst du deine Ressourcen einsetzen und je nach Bedarf deine Tasten gezielt drücken. Wenn ich zum Beispiel müde oder schlecht gelaunt bin, höre ich Salsa-Musik. Sie zaubert mir sofort ein Lächeln ins Gesicht. Sie hilft mir auch dabei, Tätigkeiten, die mir eigentlich keinen Spaß machen – wie den Zaun zu streichen –, mit mehr Leichtigkeit zu verbinden. Die Musik bringt meine Zellen in eine neue Schwingung und mich damit in eine andere Stimmung.

Am Anfang dieses Buches hast du deinen Herzenswunsch formuliert – eine Vision, die tief aus dir kommt und dir Richtung gibt. Mit der Übung zum Ressourcenklavier hast du nun sichtbar gemacht, welche Kraftquellen dir zur Verfügung stehen. Jetzt geht es darum, beides zusammenzubringen:

***Definiere dein nächstes Etappenziel auf dem Weg zu deinem Herzenswunsch und halte es hier fest. Überlege dir bewusst, welche deiner Ressourcen dich dabei unterstützen können.***

Bei der Gelegenheit: Schau dir deinen Herzenswunsch noch einmal genau an. **Ist der Satz, mit dem du ihn beschrieben hast, noch stimmig? Möchtest du etwas verändern oder ergänzen?** Dein Zielsatz sollte echt und kraftvoll wirken – wie eine Melodie, die du gerne spielst, mit der du in Resonanz bist.

## Bausteine für innere Stärke - so entwickelst du dein Selbstbewusstsein

**In der Abbildung** siehst du ein horizontal gedrehtes Ressourcenklavier mit zwölf Tasten – eine vollständige Oktave aus sieben weißen und fünf schwarzen Tasten.

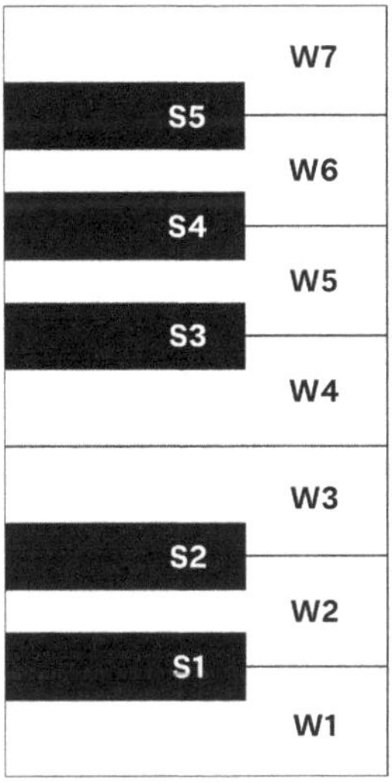


***Gestalte diese Ressourcen-Oktave mit Kraftquellen, die dich beim Erreichen des gerade festgelegten Etappenziels unterstützen.***

Überlege bei jeder Taste:

→ **Wobei hilft mir diese Ressource konkret?**
→ **In welchem Moment brauche ich sie besonders?**

So entsteht deine eigene Klangfolge – eine Melodie aus innerer Stärke, die dich deinem Herzenswunsch näherbringt.

Zur Inspiration findest du im Folgenden eine Ressourcen-Oktave, die gezielt darauf ausgerichtet ist, dein Selbstbewusstsein zu stärken.

In diesem Fall lohnt es sich, Aktivitäten, Routinen oder Begegnungen zu wählen, die dich darin unterstützen, selbstsicherer, klarer und mutiger zu werden.

1. Stell dir vor, du beginnst deine Oktave mit Krafttraining. Indem du deinen Körper stärkst, wächst oft auch das Gefühl innerer Stabilität. Die Verbindung von körperlicher und mentaler Stärke ist kraftvoll.

2. Eine weitere Ressource könnte ein Gespräch mit vertrauten Menschen sein – etwa ein Telefonat mit einer Freundin, die dir emotionale Rückendeckung gibt und dich in deinen Gedanken bestärkt.

3. Du kannst auch beginnen, dein eigenes Erfolgsjournal zu führen. Darin hältst du jeden Tag kleine oder große Momente fest, auf die du stolz bist – das hilft dir, deinen Wert zu erkennen.

4. Um dein Auftreten zu verbessern, könnte es hilfreich sein, regelmäßig vor dem Spiegel zu sprechen oder Präsentationen zu üben. So gewöhnst du dich daran, dich zu zeigen und deine Stimme hörbar zu machen.

5. Tägliche Meditationen, auch wenn sie nur fünf Minuten dauern, helfen dir, dich zu zentrieren.

6. Auch scheinbar kleine Übungen wie das bewusste Annehmen von Komplimenten können dein Selbstbild nachhaltig beeinflussen – etwa, indem du ein Lob nicht abwinkst, sondern schlicht und herzlich *»Danke«* sagst.

7. Ebenso kannst du dir vornehmen, regelmäßig eine kleine mutige Entscheidung zu treffen – das kann schon ein *»Nein«* im richtigen Moment sein oder ein *»Ja«* zu einer Herausforderung, der du dich bisher nicht gestellt hast.

Zusätzlich zu diesen sieben weißen Tasten deiner Klaviatur kannst du auch fünf »besondere« Tasten aktivieren – nämlich die schwarzen.

1. Vielleicht gibt es ein kraftvolles Lied, das dich an deine Stärke erinnert und dir sofort ein gutes Gefühl gibt.

2. Auch das bewusste Tragen von Kleidung, in der du dich stark fühlst, kann dein Selbstbewusstsein stärken – dein Äußeres beeinflusst, wie du dich innerlich fühlst.

3. Eine weitere wertvolle Ressource ist die Auseinandersetzung mit deinen Gedanken. Du kannst damit beginnen, alte, negative Glaubenssätze aufzuschreiben und in stärkende Botschaften umzuwandeln. Aus *»Ich bin nicht gut genug«* wird zum Beispiel: *»Ich wachse mit jeder Herausforderung.«*

***Du bist noch nicht am Ziel,***
***aber das Chaos in dir hat***
***Struktur bekommen.***
***Du suchst noch, aber diesmal***
***mit innerer Klarheit.***
***Erkenntnis für Erkenntnis***
***wächst deine Richtung –***
***und du gehst weiter.***

**4.** Eine besonders wirksame Übung ist, in einem Gruppengespräch deine Meinung zu äußern, auch wenn du nervös bist – dadurch nimmst du Raum ein und stehst zu dir.

**5.** Schließlich kannst du dir regelmäßig Feedback von vertrauten Personen einholen. Lerne, dieses Feedback anzunehmen, es liebevoll zu betrachten und daraus zu wachsen.

Die Ressourcen-Oktave begleitet dich dabei, dein Selbstbewusstsein systematisch zu entwickeln und zu verankern. Welche deiner Tasten du dabei drücken möchtest, entscheidest du. Du hast immer die Wahl. Und jede Taste, die du zum Klingen bringst, bringt dich deiner stärkeren Version ein Stück näher.

| *Taste* | *Deine Ressource* |
| --- | --- |
| **W-1** | |
| **W-2** | |
| **W-3** | |
| **W-4** | |
| **W-5** | |
| **W-6** | |
| **W-7** | |
| **S-1** | |
| **S-2** | |
| **S-3** | |
| **S-4** | |
| **S-5** | |

03

## *Standort deiner Reise – du bist hier:*

*Deine Motivation ist wie eine Melodie – sie wird dann kraftvoll, wenn du deine Töne kennst, deine Pausen achtest und deine innere Stimme ernst nimmst.*

***Du hast deinen dritten Schatz geborgen – und er erinnert dich daran, wie kraftvoll die Motivation aus deinem Inneren ist.***

*Sie ist nichts, was von außen kommt oder sich durch Druck erzeugen lässt. Wahre Motivation entsteht aus deiner inneren Stimme – aus dem, was dir wichtig ist. Doch wie jede lebendige Kraft braucht auch sie Pflege, Aufmerksamkeit und Raum zum Atmen.*

*Ein zentraler Teil dieses Weges ist, dir über deinen idealen Arbeitstag im Klaren zu sein. Wenn du weißt, wie sich ein erfüllter Tag für dich anfühlt, kannst du deinen Fokus neu ausrichten – weg vom bloßen Abarbeiten hin zu einer Tätigkeit, die dich nährt. Dein Alltag sollte ein Spiegel deiner Werte sein – nicht eine endlose To-do-Liste, sondern ein Ausdruck dessen, was dir am Herzen liegt.*

*Es braucht keine radikale Wende – Veränderung beginnt im Kleinen, mit klaren Etappenzielen und umsetzbaren Aktionen, die dir zeigen: Ich kann mein Leben selbst gestalten. Du hast alles in dir, was du dafür brauchst. Deine Ressourcen stehen dir zur Verfügung – du musst sie nur*

*kennen und bewusst einsetzen. So kannst du deine Energie gezielt lenken und dort nutzen, wo sie dich stärkt.*

*Ein zentraler Teil dieses Prozesses ist die Selbstfürsorge. Sie bedeutet nicht nur, Pausen zu machen, sondern deinen ganz eigenen Rhythmus zu kennen – und ihn zu achten.*

*Du darfst deine eigene Melodie wählen, dein eigenes Tempo bestimmen. Nur so entsteht ein Leben, das sich nicht fremdgesteuert anfühlt, sondern echt, stimmig und in Resonanz mit dem, was dich ausmacht.*

### *Weitere Route:*

*Im nächsten Abschnitt erkunden wir gemeinsam, wie du deine Identität bewusst leben und auf dieser Basis ein erfülltes, stimmiges Leben gestalten kannst.*

# 04

# Wer du wirklich bist – Identität und innere Werte

04

## Erfüllung jenseits der Erwartungen anderer

**Was gibt es** Schöneres als Momente, in denen wir glücklich sind? Das sind die Gelegenheiten, in denen alles genau so ist, wie wir es uns vorgestellt haben. Wenn alle Gegebenheiten zusammenpassen und es sich anfühlt, als könne das alles gar nicht wahr sein. Das sind diese besonderen Augenblicke, in denen wir sagen: *»Kneif mich bitte, damit ich weiß, ob ich träume oder ob es wirklich Realität ist!«* Solche Situationen sind wertvoll und bereichernd. Sie sind ein Geschenk, dem wir mehr Raum geben wollen – und die wir bewusst genießen dürfen. Diese Glücksmomente sollten wir in unserer DNA, unserem Bauplan des Lebens, abspeichern, um sie immer wieder abrufen zu können.

Gelingt uns das, was wir uns vorgenommen haben, empfinden wir Freude. Glückshormone werden ausgeschüttet und wir fühlen uns wohl und zufrieden. Doch Zufriedenheit ist zu einem raren Gut geworden. Oft streben wir nach mehr, nach etwas Anderem. Das Gras auf der anderen Seite des Zaunes scheint immer grüner zu sein. Der Nachbar scheint ein aufregenderes Leben zu führen. Während du nach einem langen Arbeitstag erschöpft auf der Couch liegst, siehst du durch das Fenster, wie der Typ von nebenan das Surfbrett aufs Auto schnallt und zum nächsten Abenteuer fährt. Letzte Woche war er Fallschirmspringen, diese Woche geht er auf ein Musikfestival. Und du fragst dich, ob dein Leben langweilig ist.

Dein früherer Schulkollege hat offenbar eine neue Freundin und postet glückliche Pärchen-Fotos von einem romantischen Urlaub auf den Malediven. Sie strahlen auf jedem Bild, schreiben von »der großen Liebe« und planen schon ihre Hochzeit. Und du fragst dich, warum du noch immer auf den Richtigen oder die Richtige wartest.

Die Kollegin hat ihren Lebenssinn entdeckt. Sie hat ihren frustrierenden Job aufgegeben und eröffnet ihr eigenes Yoga-Studio. Dein ehemaliger Kommilitone hat seinen sicheren Bürojob an den Nagel gehängt und reist jetzt als Fotograf um die Welt. Beide wirken erfüllt und sind von ihrer Arbeit begeistert.

Und du? Du suchst noch immer! Du fragst dich:

**Verschwende ich meine Lebenszeit? Was ist mein Lebenssinn? Was kann ich ändern? Oder ist es vielleicht schon zu spät? Soll ich jetzt noch eine Ausbildung beginnen oder nicht? Soll ich kündigen und mich selbständig machen oder werde ich scheitern?**

04

Fragen dieser Art tauchen immer wieder auf, springen wie Fragezeichen auf Sprungfedern in unseren Köpfen hin und her – auf der Suche nach Antworten, nach Sicherheit, nach Erfüllung. Dabei verkennen wir oft, was wir bereits erreicht haben, und vergessen, dankbar zu sein für das, was ist.

Unsere Aufmerksamkeit ist mehr nach außen gerichtet als nach innen. Erst wenn wir uns bewusst mit uns selbst beschäftigen, mit dem, was uns wichtig ist, was uns wertvoll erscheint und was uns innerlich motiviert, schaffen wir ein Umfeld, das genau dazu passt. Umgeben wir uns mit Menschen und Dingen, die diese Werte widerspiegeln, entsteht ein Wohlfühlraum für uns selbst und für die Personen, mit denen wir unser Leben teilen.

Wenn wir in einem solchen wertebasierten Umfeld leben, verändert sich nicht nur unser Inneres – sondern auch unser Miteinander.

Das Leben besteht aus Geben und Nehmen. Wenn wir das Lächeln und Strahlen anderer sehen, fühlen wir uns erfüllt. Freude und Glück entstehen nicht nur durch das, was wir erhalten, sondern auch durch das, was wir geben. Strahlen wir aus unserem Innersten, breitet sich Leichtigkeit in uns aus – und wir geraten ganz natürlich in einen Flow.

Doch wie erreichen wir diesen Zustand von Leichtigkeit und innerem Flow im Alltag – jenseits von äußeren Erfolgen?

Genau hier spielen zwei zentrale Faktoren eine Rolle: weniger Egoismus und mehr positive Gedanken. Denn der größte Feind ist oft derjenige, der sich zwischen unseren Ohren befindet: unser eigener Geist. Und mit diesem wollen wir uns jetzt einmal beschäftigen.

## Gedanken formen dein Leben

**Unsere Gedanken** beschäftigen uns ständig. Sie lenken den Strom unseres Inneren – manchmal treiben sie uns voran, manchmal bleiben sie an einem Hindernis hängen und blockieren uns. Warum? Weil unsere Gedanken zu Worten werden – und unsere Worte zu Taten.

Oft merken wir erst im Nachhinein, dass eine Entscheidung vielleicht doch nicht die beste war, weil wir aus einer Emotion heraus agiert oder auf einen Impuls reagiert haben.

Wir haben schon festgestellt, dass unsere Geisteshaltung durch unsere Erziehung, unser Umfeld und unsere Erfahrungen geprägt wird. Jeder Mensch entwickelt sein eigenes System, nach dem er handelt und Entscheidungen trifft. Was für uns selbstverständlich ist, mag deshalb für andere eine völlig neue Perspektive sein.

Ein einfaches Beispiel: In unserem Kulturkreis begrüßen wir uns meist mit einem Handschlag. Unter engen Freunden oder in bestimmten Regionen küssen wir uns links und rechts auf die Wange. In Japan hingegen ist es üblich, sich zur Begrüßung zu verneigen. Die Tiefe der Verbeugung zeigt Respekt, Dankbarkeit und Höflichkeit. So hat jede Kultur ihre eigenen Werte und Ausdrucksformen.

Unsere Denkweise wird von unseren Werten geprägt, die unser Verhalten steuern. Deshalb ist es wichtig, ein klares Bewusstsein für die eigene Identität zu entwickeln. Zu wissen, wofür du stehst und wie du an Herausforderungen herangehst. Es ist dein Denken und dein daraus resultierendes Handeln, das dich sichtbar macht. Stimmen deine Werte mit denen einer anderen Person oder eines Unternehmens überein, ist eine starke Identifikation gegeben.

Diese Verbindung schafft Vertrauen, Motivation und ein Gefühl der Zugehörigkeit. Menschen, die sich mit ihren Aufgaben und ihrem Umfeld identifizieren, engagieren sich stärker und erleben eine tiefere Zufriedenheit.

Hast du Klarheit über das, was du willst, gibt dir das Sicherheit und ermöglicht dir Orientierung, gerade in Zeiten der Veränderung. Sie hilft dir, überlegte Entscheidungen zu treffen, die mit deinem inneren Kompass übereinstimmen. So wirst du nicht nur bewusster in dem, was du erreichen möchtest, sondern auch resilienter gegenüber äußeren Einflüssen.

Indem du deine Identität lebst, ziehst du Menschen und Chancen an, die zu dir passen – sei es im beruflichen oder privaten Kontext. Das macht Identifikation mit deiner

> ***Wachstum beginnt dort, wo eine neue Geisteshaltung anfängt!***

Tätigkeit zu einer wertvollen Ressource für Erfolg, Erfüllung und ein selbstbestimmtes Leben.

Unsere Geisteshaltung ist wie ein innerer Filter. Sie bestimmt, wie wir die Welt wahrnehmen und auf sie reagieren.

Werte formen diesen Filter. Sie sind die tief verankerten Überzeugungen, die uns leiten – oft unbewusst. Sie bestimmen, was uns wichtig ist, woran wir glauben und wie wir mit den Menschen in unserem Umfeld und uns selbst umgehen. Während die Geisteshaltung unsere Sicht auf Situationen beeinflusst, geben Werte die Richtung vor. Sie sind unser innerer Kompass.

# 04

## Werte als Fundament deines Lebenskonzepts

**Stell dir vor,** du gehst deinen Lebensweg mit einem Rucksack auf dem Rücken. Er begleitet dich überallhin – durch ruhige Landschaften, über steile Anstiege, durch Nebel, bei Gegenwind und Sonnenschein. Manchmal ist er leicht und du spürst ihn kaum. Und manchmal wiegt er schwer – je nachdem, womit du ihn gefüllt hast.

Doch das Wertvollste, was du in diesem Rucksack trägst, sind keine Dinge. Es sind deine Werte. Sie geben dir Orientierung, wenn du eine Entscheidung treffen musst. Sie schenken dir Halt, wenn es unübersichtlich wird. Und sie erinnern dich daran, wer du bist – auch wenn du mal vom Weg abkommst.

Jetzt ist ein guter Moment, hineinzuschauen:

→ **Welche fünf Werte möchtest du ganz bewusst in deinem Rucksack mitnehmen?**

→ **Welche sind für dich unverzichtbar – im Beruf wie im Privatleben?**

***Wähle sie aus der Werteliste aus und trage sie in die Tabelle auf Seite 152 ein.***

Abenteuer
Achtsamkeit
Aktivität
Anerkennung
Aufmerksamkeit
Ausgeglichenheit
Authentizität
Begeisterung
Beharrlichkeit
Dankbarkeit
Disziplin
Effizienz
Ehrlichkeit
Empathie
Fairness
Flexibilität
Freiheit
Freundlichkeit
Fürsorglichkeit
Geduld
Gelassenheit
Gerechtigkeit
Großzügigkeit
Harmonie
Hilfsbereitschaft
Humor
Idealismus
Innovation
Inspiration
Integrität
Interesse
Kontrolle
Kreativität
Leichtigkeit
Loyalität
Motivation
Mut
Nachhaltigkeit
Offenheit
Optimismus
Ordnung
Präzision
Pünktlichkeit
Respekt
Sauberkeit
Disziplin
Selbstvertrauen
Sicherheit
Sparsamkeit
Teamgeist
Toleranz

Vielleicht stellst du dir gerade die Frage: **Wie finde ich denn überhaupt heraus, was meine Werte sind?** Keine Sorge, es gibt viele Möglichkeiten, sie zu entdecken. Eine davon ist, dich im Alltag zu beobachten: **Worüber regst du dich auf? Was begeistert dich? Wann sagst du innerlich: »So will ich**

**nicht sein« - und wann: »Genau das bin ich«?** Diese emotionalen Reaktionen zeigen dir, wo deine Werte liegen.

Ein weiterer Ansatz ist intuitiv: Wähle zunächst 10 bis 15 Werte aus, die dich spontan ansprechen – ganz ohne zu viel Nachdenken, einfach aus dem Bauch heraus. Alles, was dir wichtig erscheint, darf auf die Liste. Ohne zu filtern oder zu bewerten. Dann beginnt der spannende Teil: Geh die Liste durch und streiche einen Wert nach dem anderen – immer mit der Frage im Kopf: **Wenn ich mich zwischen diesen beiden entscheiden müsste - auf welchen könnte ich auf keinen Fall verzichten?**

Begründe jeden Wert:

- → **Warum genau dieser?**
- → **Wann lebst du ihn?**
- → **Was passiert, wenn du ihn nicht leben kannst?**

***Deine fünf Werte:***

**Wert 1** ..................................................................................

**Wert 2** ..................................................................................

**Wert 3** ..................................................................................

**Wert 4** ..................................................................................

**Wert 5** ..................................................................................

## So erkennen andere, wofür du stehst

**Du hast** deine bisherigen Erkenntnisse in deine Schatzkiste gepackt, die du immer bei dir hast. Du kannst sie öffnen, wenn du dich entscheiden musst oder verloren fühlst. Sie ist auch für dich da, wenn du dich daran erinnern willst, wer du wirklich bist. Denn: Wer weiß, welche Werte, Fähigkeiten und Ressourcen in einem ruhen, wird im Außen klarer agieren.

**Wie zeigt sich dein innerer Kompass im Außen? Woran erkennen andere - Familie, Kollegen, Partner -, welche Werte dir wichtig sind?**

Angenommen, die Menschen deiner Umgebung halten **Offenheit** für einen deiner Werte. Ehrliche und transparente Kommunikation wichtig. Du sprichst Dinge direkt an und teilst deine Erfahrungen und Erlebnisse mit anderen. Über deine Gedanken, Gefühle und Meinungen sprichst du ohne Scheu. Auch schwierige Themen gehst du an, ohne Dinge schönzureden. Konstruktives Feedback gehört für dich dazu – selbst wenn es für dein Umfeld manchmal unangenehm sein mag und sie dich nicht danach gefragt haben.

Du bist offen für andere Perspektiven, hörst aktiv zu, urteilst nicht und unterbrichst dein Gegenüber nicht. Durch gezielte Fragen versuchst du, die Gedanken und Gefühle der anderen besser zu verstehen. Neuen Menschen begegnest du mit ehrlichem Interesse, lernst sie gerne kennen – und scheust dich auch nicht, von ihnen zu lernen. Tauchen neue Informationen oder Erkenntnisse auf, bist du bereit, deine Meinung zu überdenken.

Zwei weitere Beispiele aus der Praxis:

Wenn **Flexibilität** für dich ein wichtiger Wert ist, siehst du Veränderung nicht als Bedrohung, sondern als Chance. Du erkennst, dass sich das Leben ständig wandelt und Anpassungsfähigkeit wichtiger ist als Perfektion. Statt an festen Plänen festzuhalten, findest du kreative Lösungen und gehst entspannter mit Unsicherheiten um. Diese innere Freiheit stärkt dein Selbstvertrauen und ermöglicht dir, neue Erfahrungen offen anzunehmen. Flexibilität ist eine Haltung, die Gelassenheit, Resilienz und bewusste Entscheidungen fördert.

Wenn **Verantwortung** einer deiner zentralen Werte ist, übernimmst du aktiv die Konsequenzen für dein Handeln – ohne Ausreden, ohne Schuldzuweisungen. Deine Familie, Kollegen und dein Partner erkennen diesen Wert an deinem Verhalten: Du hältst Absprachen ein, auch wenn es unbequem wird. Gibst du ein Versprechen, dann stehst du dazu – pünktlich, zuverlässig und mit vollem Einsatz. Im Team übernimmst du Aufgaben freiwillig, bringst dich mit Ideen ein und denkst dabei nicht nur an deinen eigenen Vorteil, sondern an das große Ganze. Auch im privaten Umfeld zeigst du Verantwortung: Du kümmerst dich bewusst um deine Beziehungen, hörst zu, unterstützt, wo du gebraucht wirst, und achtest auf deine eigene physische und mentale Gesundheit – weil du weißt, dass du nur dann für andere da sein kannst, wenn es dir selbst gut geht. Im Alltag bedeutet Verantwortung für dich auch, dass du nicht gleichgültig bist gegenüber Problemen – du handelst, statt nur zu reden. Du bringst dich ein, wo Veränderung nötig ist, und nimmst dir Zeit, Entscheidungen gut zu durchdenken, weil dir die Folgen bewusst sind. Du sagst nicht leichtfertig: *»Das ist nicht mein Problem«*, sondern fragst: *»Was kann ich zur Lösung beitragen?«* Genau das macht dich zu einer verlässlichen und respektierten Person in deinem Umfeld.

Prinzip verstanden? Dann tauche jetzt tiefer ein und beschreibe jeden deiner Werte im Detail. Bringst du deine Werte durch konkrete Handlungen zum Ausdruck, hauchst du deinem inneren Juwel Leben ein. Die Belohnung folgt durch echte Wertschätzung aus deinem Umfeld.

## *Deine wertebasierten Handlungen und Tätigkeiten:*

**Wert 1** ..................................................................

**Wert 2** ..................................................................

**Wert 3** ..................................................................

**Wert 4** ..................................................................

**Wert 5** ..................................................................

Wenn diese Werte das Fundament deines Lebenskonzepts und die Basis deiner Identität bilden:

→ **Was wird dir dadurch bewusster?**
→ **Welche neuen Einsichten ergeben sich für dich?**

Das Schachbrett des Lebens: Figuren und Rollen können sich verändern - doch die Werte, die uns leiten, bleiben bestehen.

## Werte im Spiegel der Beziehungen

**Du hast** dir bereits ein Bild davon gemacht, was dir wichtig ist und wofür du stehen möchtest.

Nun lohnt sich ein Blick nach außen:

→ **Wie erleben dich andere?**
→ **Welche Werte schreiben sie dir zu?**
→ **Und stimmen diese Eindrücke mit deinem eigenen Selbstbild überein?**

Das Fremdbild ist ein wertvoller Spiegel. Es kann dich überraschen, bestätigen oder zum Nachdenken anregen – und dir helfen, blinde Flecken zu erkennen. Denn manchmal zeigen wir etwas anderes, als wir glauben.

> ***Dein Mindset ist wie ein Reisepass, der dir Reisen in andere mentale Länder ermöglicht, die du ohne das Dokument nicht betreten könntest.***

Bitte fünf Personen aus deinem Umfeld, diese fünf Fragen über dich zu beantworten:

→ **Was, glaubst du, sind meine drei wichtigsten Werte?**
→ **Bei welchen meiner Aktivitäten oder in welchen Situationen nimmst du diese Werte wahr?**
→ **Was schätzt du am meisten an mir?**
→ **Wann erlebst du mich am glücklichsten, mit echter Begeisterung?**
→ **Worauf sollte ich in meinem Alltag mehr achten, in welchen Situationen sollte ich achtsamer mit mir umgehen?**

**Welche Erkenntnis hast du durch diese Übung bekommen?**
Pack deine gewonnene Einsicht in deine Schatzkiste!

*»In Beziehung zu gehen heißt auch, dem anderen folgen zu wollen«* – auf LinkedIn ist das ganz einfach!

Ich würde mich freuen, wenn wir uns vernetzen. Einfach den QR-Code scannen und mir auf LinkedIn folgen.

04

### *Standort deiner Reise – du bist hier:*

*Du wirst dann für dich und andere sichtbar, wenn du nach deinen Werten lebst und erkennst, was dich ausmacht.*

***Du hast deinen vierten Schatz geborgen – er schenkt dir tiefe Einsichten in deine Identität.***

*Doch oft verlieren wir diesen inneren Kompass, weil wir beginnen, uns mit anderen zu vergleichen. Dabei entfernen wir uns von uns selbst und lassen uns von äußeren Maßstäben leiten, die mit unserem wahren Wesen wenig zu tun haben. Was du denkst, prägt dein Handeln – und wenn diese Gedanken nicht aus deinen eigenen Werten gespeist sind, fühlt sich dein Tun irgendwann leer oder fremdgesteuert an.*

*Erst wenn du beginnst, deine Werte sichtbar zu machen, sie bewusst zu benennen und zu leben, entsteht echte Klarheit. Du erkennst, was dir entspricht und was nicht. Erfüllung wächst dort, wo dein Handeln in Einklang mit deinen inneren Überzeugungen steht. Dann fühlt sich dein Leben nicht mehr wie eine ständige Anpassung an äußere Erwartungen an, sondern wie ein selbstbestimmter Ausdruck dessen, wer du bist.*

*Auch deine Beziehungen beginnen, sich zu verändern. Sie spiegeln deine innere Verfassung – und wenn du dich*

*selbst klarer siehst, ziehst du Menschen in dein Leben, die dich auf einer tieferen Ebene verstehen. Du erkennst, dass viele deiner früheren Verhaltensmuster reine Überlebensstrategien waren – nützlich in alten Kontexten, aber heute oft nicht mehr passend. Jetzt darfst du sie liebevoll loslassen. Du brauchst sie nicht mehr – denn du bist bereit, nicht nur zu überleben, sondern erfüllt zu leben.*

## *Weitere Route:*

*Wahre Veränderung beginnt nicht mit neuen Plänen, sondern mit einem klaren »Warum« – dem inneren Ruf nach Sinn und Lebendigkeit. Im nächsten Abschnitt erkunden wir, wie du deine Komfortzone verlässt und mit deinen Stärken mutig ins Unbekannte aufbrichst – auf deinen Weg in Richtung Berufung.*

# 05

# Neuland betreten – deine Komfortzone hinter dir lassen

05

## Veränderung beginnt mit deinem »Warum«

**Wie schon** in einem früheren Kapitel angesprochen, entstehen im Laufe unseres Lebens bestimmte Überlebensstrategien, die uns schützen und tragen sollen. Wir fühlen uns dort wohl, wo unsere Wertvorstellungen und Bedürfnisse gewürdigt werden. Arbeiten wir dagegen an, kostet das enorm viel Kraft – als würden wir gegen Windmühlen kämpfen. Wir fühlen uns müde, ausgelaugt und energielos. Auch wenn es anstrengend ist, halten wir dennoch oft lieber am Gewohnten fest, als uns dem Neuen zu stellen. Das Mühsame ist zur vertrauten Struktur geworden.

So wie bei Bernadette. Ihre Mutter hat vieles als selbstverständlich empfunden. Sie hat sich bei ihrer Tochter nur gemeldet, wenn sie etwas von ihr gebraucht hat. Die meisten Sätze hat sie mit *»Könntest du?«* oder *»Würdest du?«* eingeleitet. Wann immer sie etwas haben wollte, musste es sofort sein. Bernadettes Mutter war der Meinung, es sei die Pflicht ihrer Tochter, sie zu unterstützen – besonders da sie keinen fixen Partner mehr hatte und allein lebte. Und Bernadette hatte stets ein schlechtes Gewissen, wenn sie für ihre Mutter etwas nicht erledigen konnte oder wollte. Umgekehrt war Bernadette selbst von ihrer Mutter nie bei der Erziehung ihrer drei Kinder unterstützt worden, obwohl sie alleinerziehend und berufstätig war. Als Großmutter nahm sich ihre Mutter niemals Zeit, war immer viel zu beschäftigt. Sie musste zur Kosmetikerin, zum Friseur, zur Massage oder hatte Rückenschmerzen.

Nicht nur von ihrer Mutter wurde sie ausgenutzt, sondern auch ihre Freunde und ihr Arbeitsumfeld verhielten sich auf ähnliche Weise. Bernadette war ständig damit beschäftigt, andere zu retten. Retten war ihr ein Herzensanliegen – sie stieß dabei aber immer wieder an ihre eigenen Grenzen. Zu viel Verantwortung aus Hilfsbereitschaft, Pflichtgefühl und dem Wunsch, gebraucht zu werden.

Sie war also seit ihrer Kindheit gewohnt, mit diesem Typ Mensch umzugehen. Im Laufe der Jahre ist das Mühsame zur vertrauten Struktur, zur Überlebensstrategie geworden. Bernadette hat sich immer mehr von sich selbst entfernt. Sie hatte den Zugang zu ihrer wahren Identität verloren – und wusste nicht mehr, was sie als Mensch wirklich ausmachte. Es war an der Zeit, sich selbst neu kennenzulernen, sich ihrer Stärken und Ressourcen bewusst zu werden und ihre blockierenden Verhaltensweisen abzulegen. Und das tat sie!

# 05

Bevor wir uns verändern können, müssen wir erkennen: Gewohntes Verhalten bringt uns nicht immer weiter – auch wenn es uns früher geschützt hat. Unsere Überlebensstrategien, so vertraut sie auch sind, können uns auf Dauer gefangen halten. So wie bei Bernadette. Es braucht Mut, diese Muster zu durchbrechen. Doch Veränderung nur um der Veränderung willen ist selten sinnvoll oder nachhaltig.

Wir verlassen unsere Komfortzone nicht einfach deshalb, weil eine Herausforderung auf uns wartet, sondern nur, wenn wir einen echten Sinn erkennen. Wenn wir spüren, dass etwas Größeres, Bedeutenderes auf uns wartet.

**Genau darum geht es in diesem Kapitel. Hier lernst du, wann es sich wirklich lohnt, Altes loszulassen.**

Wir sprechen oft von der »Komfortzone« – aber was ist das eigentlich? Sie ist jener Bereich, in dem wir uns emotional, geistig und körperlich sicher fühlen. Du kannst sie dir vorstellen wie einen geschützten Raum, in dem du dich auskennst. Nichts kann dich überraschen, die Abläufe sind dir vertraut. Dieser Bereich bietet Sicherheit und Orientierung – aber er kann auch zur Bremse werden, wenn wir nie seine Grenzen verschieben. Wer sich nicht über sie hinauswagt, verhindert Wachstum.

Warum sollten wir diesen vertrauten Raum verlassen? Oft machen wir das erst, wenn wir müssen – wenn uns das Leben dazu auffordert. Etwa aufgrund einer unerwarteten Veränderung, einer neuen Aufgabe oder einer

Krise im beruflichen oder privaten Umfeld. Aber sogar in solchen Momenten reagieren wir häufig instinktiv: mit Flucht, Angriff oder Rückzug. Und ehe wir uns versehen, sind wir zurück in unserer Komfortzone und verteidigen sie.

Zugleich steigt der gesellschaftliche Druck, sich ständig weiterzuentwickeln. Doch echte Entwicklung beginnt erst, wenn wir uns von etwas Altem verabschieden oder bewusst etwas Neues wählen.

> Veränderung wird dann tragfähig, wenn sie mit einem inneren *»Warum«* verknüpft ist:

→ **Warum möchtest du etwas verändern?**
→ **Was bringt es dir?**
→ **Wie macht diese Veränderung dein Leben besser?**
→ **Welcher Sinn steckt dahinter?**

Kursänderung kann sogar Spaß machen – wenn du den Nutzen erkennst und den Druck herausnimmst. Wenn du dir deiner Stärken und Ressourcen bewusst bist und sie gezielt einsetzt. Sie bilden das Sicherheitsnetz nach draußen. Dann fühlt sich Wandel nicht mehr bedrohlich an, sondern machbar.

Du kannst nur dann Veränderungen annehmen, wenn der richtige Zeitpunkt für dich gekommen ist. Achtsam, selbstbestimmt, in einer Umgebung, die dir guttut. Jede bewusste Veränderung wächst mit der Zeit zu einer stabilen Gewohnheit und einem vertrauten Umfeld heran.

05

> ***Du musst nicht eine andere Person werden – du darfst einfach du selbst sein. Deine Komfortzone ist dein Ausgangspunkt, doch dein Ziel ist ein Leben, das echt, lebendig und erfüllt ist.***

Was gestern noch deine Angstzone war, kann morgen schon deine neue Komfortzone sein. Du hast die Möglichkeit, deine Umgebung, deine Lebenskulisse und dein gesamtes Leben aktiv mitzugestalten. Und genau das wollen wir jetzt gemeinsam tun.

## So findest du raus aus deiner Komfortzone

**Der Schritt** hinaus aus der Komfortzone fühlt sich oft wie ein Sprung ins kalte Wasser an. Doch was wäre, wenn du wüsstest, dass du einen inneren Rettungsring dabeihast? Deine Ressourcen und Stärken sind wie Schwimmflügel – sie helfen dir, in unbekannten Gewässern nicht unterzugehen, sondern dich mutig vorzuwagen.

Und genau diese inneren Kräfte wollen wir uns jetzt gemeinsam bewusst machen – lass uns entdecken, was in dir steckt! Dafür wechseln wir jetzt die Perspektive, werden spielerisch und intuitiv.

## Welches Tier bist du?

**Stell dir vor,** du wärst ein Tier. Welches symbolisiert deine inneren Stärken am besten? Vielleicht bist du eine Katze, ein Hund, eine Schildkröte, ein Gepard, ein Elefant – oder sogar ein quirliges Eichhörnchen. Es spielt keine Rolle, ob du dich in der Tierwelt gut auskennst. Wichtig ist nur: Folge deinem ersten Impuls und vertraue deiner Intuition.

Jedes Tier hat besondere Fähigkeiten. Manche sind ausdauernd, andere schnell. Einige sind besonders anpassungsfähig, andere wiederum loyal oder strategisch. Und genauso verhält es sich mit dir: Erst wenn du deine eigenen Begabungen kennst, kannst du sie gezielt einsetzen.

Ein einfaches Beispiel: Stell dir vor, du bekommst die Aufgabe, Früchte von einem Baum zu holen. Ein Affe hätte damit keine Mühe – er wäre wahrscheinlich der schnellste. Eine Schildkröte dagegen wäre mit dieser

Aufgabe überfordert, obwohl sie in anderen Bereichen Großes leisten kann. Diese Metapher macht deutlich: Es geht nicht darum, in allem gut zu sein. Es geht darum, deine natürlichen Talente zu erkennen – und sie an der richtigen Stelle einzusetzen.

## Der Archetyp in dir - tierische Stärken im Leben und im Beruf

**In jedem** von uns steckt ein Stück Tier – ein Archetyp, der unsere Stärken und Ressourcen auf symbolische Weise sichtbar macht. Wenn du dir erlaubst, in diese tierische Welt einzutauchen, wirst du überrascht sein, wie viel Kraft, Klarheit und Orientierung du daraus schöpfen kannst.

Vielleicht trägst du die ruhige Weisheit der Eule in dir, die Situationen mit scharfem Verstand überblickt. Oder die soziale Stärke des Elefanten, der mit Empathie und Tiefe führt. Vielleicht erkennst du dich im Tiger oder Löwen wieder – entschlossen, mutig und mit natürlicher Präsenz. Der Wolf lebt in Gemeinschaft, bleibt aber eigenständig – ideal für Teamplayer mit Führungskompetenz. Die Löwin überzeugt mit stiller Stärke und Verantwortungsbewusstsein. Der Schimpanse bringt soziale Intelligenz, Lernfreude und Flexibilität mit – wertvoll in dynamischen Systemen. Wer gut organisiert ist, findet sich vielleicht im Streifenhörnchen oder Seehund wieder – flink und zuverlässig. Das Känguru verbindet

Fürsorge mit Dynamik und sorgt für Balance zwischen Fortschritt und Stabilität. Der Hirtenhund steht für Schutz und Loyalität – besonders kraftvoll in vertrauensvollen Führungsrollen. Die oft unterschätzte Hyäne zeigt Durchhaltevermögen und Mut zur Eigenständigkeit, während der Büffel mit Verlässlichkeit und Stärke überzeugt. Der Fuchs bringt Strategie, Charme und Kreativität mit – perfekt für Unternehmer oder Sprecher und Moderatoren. Mit dem Adler fliegst du hoch hinaus – Vision, Klarheit und Zielstrebigkeit zeichnen ihn aus. Der Pinguin hingegen zeigt uns, wie wertvoll Zusammenarbeit und Anpassungsfähigkeit in rauer Umgebung sind. Die Ziege steht für Mut, Neugier und Eigenständigkeit, der Esel für Sanftheit, Ausdauer und Beharrlichkeit. Das Schaf bringt Frieden und Harmonie in Gruppen, der Hase reagiert blitzschnell und sensibel. Der Igel kennt seine Grenzen und schützt sich achtsam – ideal in Zeiten der Überforderung.

Vielleicht brauchst du mehr Leichtigkeit? Dann ist der Wellensittich dein Tier: verspielt, kommunikativ, lebensfroh. Der Hahn ruft zur Sichtbarkeit auf – deine Stimme zählt! Das Krokodil steht für tiefe Intuition und blitzschnelle Entscheidungen, während der Strauß Humor mit Erdung vereint. Das Hausschwein erinnert uns daran, dass Intelligenz, Sozialkompetenz und Bodenständigkeit oft übersehen werden – aber Gold wert sind. Die Kuh verkörpert innere Ruhe und Beständigkeit, der Dalmatiner vereint Stil mit Spielfreude. Die Königskobra symbolisiert Transformation, Intuition und klare Grenzen. Das Zebra lebt Balance – zwischen Struktur und Freiheit.

> ***Wer seine Stärken kennt, steht sicherer. Wer sicherer steht, geht weiter.***

Und schließlich: die Schildkröte – Sinnbild für Weisheit, Langlebigkeit und tiefes Vertrauen ins Leben.

## Deine Einladung: Welches Tier passt zu deinem aktuellen Wachstumsprozess?

**Diese »tierischen Bilder«** unterstützen dich dabei, deine einzigartigen Stärken zu erkennen, wertzuschätzen und bewusst einzusetzen.

Geh in den nächsten 10–15 Minuten auf die Suche nach deinem Tier.

→ **Welches beschreibt deine Stärken und Ressourcen am besten, und durch welche Handlungen und Tätigkeiten kann dein privates und berufliches Umfeld diese wahrnehmen?**

→ **Was für Situationen hast du schon gemeistert, und welche Stärke hat dir dabei geholfen?**

→ **Gab es eine Kraft, die du unterschätzt hast - die dir lange nicht bewusst war?**

→ **Was unterstützt dich dabei, mutig den nächsten Schritt zu gehen? Das könnten zum Beispiel deine** innere Haltung, Menschen, denen du begegnet bist, gesammelte Erfahrungen oder Talente sein, die in dir schlummern.

→ **Von welcher Verhaltensweise kannst du dich lösen, um deine Stärken noch besser wirken zu lassen?**
→ **Was brauchst du in deinem weiteren Leben nicht mehr?**

## *Visualisiere deine Stärken*

Schreib zuerst dein Tier in das untere Feld.
Platziere danach die wichtigsten Stärken und Ressourcen, die dieses Tier für dich ausmachen, in die Felder um die Schatztruhe herum.

05

# »Wombat-Weisheit«

**Als Inspiration** zeige ich dir, was du von einem Wombat über deine Stärken lernen kannst.– Wombats sind stille Kraftpakete. Sie wirken unauffällig, doch sie haben Eigenschaften, die im Alltag und im Berufsleben eine enorme Wirkung entfalten können:

1. **Robustheit & Widerstandsfähigkeit**
   *»Ich kann mich schützen, wenn es nötig ist. Ich bin stärker, als ich denke.«*

   ***Wann hast du zuletzt deine Widerstandskraft gespürt?***
   Ein Beispiel aus meinem Leben:

**2. Ausdauer & Fleiß**

*»Ich arbeite kontinuierlich an meinem Ziel, auch wenn es Zeit braucht.«*

***Was baust du gerade Stück für Stück auf?***

Ich bleibe dran bei:

**3. Bodenständigkeit**

»Ich kenne meinen Rhythmus. Ich weiß, was mir guttut.«

***Was gibt dir Ruhe und Klarheit im Alltag?***

Diese Routinen helfen mir:

**4. Unterschätzte Cleverness**

»Ich denke strategisch. Ich brauche keinen Applaus, um Wirkung zu zeigen.«

***In welchem Bereich unterschätzt du deine stille Stärke?***

Ich bin besser, als ich oft denke, in:

**Reflexionssatz zum Abschluss:**

Vervollständige diesen Satz in deinem Sinne:

***»Ich bin wie ein Wombat, weil …***

***Nun beschreibe die Weisheit deines gewählten Tieres:***

»...........................................................................-Weisheit«

Was ich von einem ...............................................................................
über meine Stärken lernen kann:

................................................ sind ...................................................................

Sie wirken ....................................................................... – doch sie haben Eigenschaften, die im Alltag und im Berufsleben eine enorme Wirkung entfalten können.

---

**1. »..................................................................................«**

»Ich kann .............................................................................«

---

***Wann habe ich zuletzt meine ........................................... gespürt?***
Ein Beispiel aus meinem Leben:

**2.** **»..............................................................................«**

»Ich ..............................................................................«

***Was* ..............................................................................?**

Ich .............................................................................. bei:

**3.** **»..............................................................................«**

»Ich ..............................................................................«

***Was* ..............................................................................?**

Diese .............................................................................. helfen mir:

4. **»...................................................................«**

»Ich ..........................................................................................«

***In welchem Bereich ........................................................?***

Ich bin ....................................................................................... :

**Reflexionssatz zum Abschluss:**
Vervollständige diesen Satz in deinem Sinne:

***»Ich bin wie ein ..................................................,***
***weil …***

05

### *Standort deiner Reise -*
### *du bist hier:*

*Du stehst nun schon lange nicht mehr am Fuß der Erfolgstreppe. Du bist bereits im Tun. Und mit jeder neuen Erkenntnis über dich selbst wächst dein Mut, weiterzugehen.*

*Mit jeder Erfahrung bist du auf deiner Erfolgstreppe weiter nach oben gestiegen – du hast deine Komfortzone verlassen, die Angstzone durchquert und die Wachstumszone betreten.*

*Ganz oben auf der Treppe steht deine prall gefüllte Schatztruhe.*

*Darin verborgen liegen deine Stärken, Ressourcen und Potenziale – die du bisher im Buch bereits entdecken durftest.*

***Du hast deinen fünften Schatz geborgen – er ermutigt dich, deine Komfortzone zu verlassen, deiner inneren Stärke zu vertrauen und dein Leben selbstbestimmt und sinnhaft neu auszurichten.***

*Wahre Veränderung beginnt nicht mit äußerem Druck, sondern mit einem inneren »Warum«. Erst wenn du spürst, wofür du dich verändern willst, entsteht echte Bewegung. Die Komfortzone mag dir Sicherheit vorgaukeln, doch sie ist oft auch ein Käfig, der dich am Wachsen hindert. Wachstum geschieht nur, wenn du dich hinauswagst – auch wenn es sich im ersten Moment ungewohnt oder unsicher anfühlt.*

*Zum Glück bist du nicht unvorbereitet. Deine Stärken, Fähigkeiten und inneren Ressourcen begleiten dich – wie ein Rettungsnetz, das dich im Neuland auffängt. Tiermetaphern helfen dir dabei, diese Kräfte spielerisch und kraftvoll zu benennen: die Ausdauer des Büffels, die Neugier des Streifenhörnchens, der Mut des Tigers. Sie zeigen dir, was bereits in dir angelegt ist – oft mehr, als du selbst bisher erkannt hast.*

## *Weitere Route:*

*Deine Mission wird zum inneren Kompass, der dir hilft, deinem Leben eine tiefere Richtung zu geben – bis hin zu dem Moment, in dem du deine Berufung lebst und deine Wirkung in der Welt sichtbar wird.*

# 06

# Deine Mission – der innere Kompass zu deiner Berufung

# 06

**Jeder Mensch** – jedes Lebewesen – erfüllt einen Zweck auf dieser Welt. Vielleicht hast auch du dir schon einmal die Frage gestellt: »*Warum bin ich eigentlich hier?*«

In den letzten Kapiteln hast du dich intensiv mit dir selbst auseinandergesetzt. Du kennst inzwischen deine Stärken und Ressourcen, hast mehr Klarheit über deine Verhaltensweisen, Grundbedürfnisse und Werte gewonnen. All diese Erkenntnisse sind Meilensteine, Bausteine für dein Fundament. Eine stabile Basis, auf der du dein weiteres Leben bewusst und selbstbestimmt aufbauen kannst.

Jetzt darf eine neue Frage in den Fokus rücken:

- → **Wie möchtest du mit deinem Herzenswunsch in der Welt wirken?**
- → **Möchtest du einen Beitrag für die Gesellschaft leisten?**
- → **Einen Unterschied machen – im Kleinen oder im Großen?**

Ab hier geht es um mehr: um deine Mission! Sie ist wie ein innerer Kompass, der dir deutlich die Richtung in deinem Leben zeigt. Sie beschreibt, wie du durch dein Denken, Fühlen und Handeln in deinem Umfeld wirkst – im Alltag wie am Arbeitsplatz.

**Deine Mission ist kraftvoll. Sie formt Entscheidungen, lässt dich Prioritäten setzen und hilft dir, bei dir selbst zu bleiben – auch dann, wenn es um dich herum turbulent wird.**

Ein Beispiel: *»Durch meine Kreativität bringe ich Schönheit in die Welt und inspiriere das Leben anderer Menschen.«* Ein solcher Satz wirkt vielleicht einfach, aber er bündelt eine ganze Lebenshaltung. Er macht sichtbar, was einem Menschen wichtig ist – was ihn antreibt und berührt.

Deine Mission hilft dir also nicht nur, zu erkennen, was du willst, sondern vor allem, warum. Sie unterstützt dich darin, Entscheidungen zu treffen, die dir entsprechen – in Beziehungen, im Beruf, in der inneren Entwicklung.

Dabei ist es wichtig, zu verstehen: Die Mission ist nicht an eine bestimmte Rolle gebunden. Zwei Menschen können dieselbe Mission haben – etwa Wissen zu vermitteln – und dennoch völlig unterschiedliche Sachen machen. Die eine tut es als Coach, der andere als Lehrer, Podcaster oder Berater. Es geht nicht um das *»Was«*, sondern um das *»Warum«* hinter deinem Handeln. Das gibt deiner Lebensgestaltung Klarheit und Tiefe.

Du hast im zweiten Kapitel schon dein Zukunftsbild – deine Vision – entwickelt. Jetzt hast du eine Vorstellung davon, wie dein Leben aussehen soll, wenn du erfüllt lebst. Und hier kommt deine Mission ins Spiel. Sie ist der innere Motor, der dich antreibt. Sie verbindet dein Ziel mit deinem Herzenswunsch, gibt deinem Handeln Richtung und Sinn.

Stell dir einmal vor, du hast deine Mission erfüllt und deine Vision ist Realität geworden.

→ **Wie fühlt sich das an?**
→ **Was hat sich verändert - in dir und in deinem Umfeld?**

Vielleicht spürst du ein inneres »*Ja*«, das dich bestärkt, deinen Weg zu gehen. Oder du merkst, dass sich dein Herzenswunsch noch einmal wandeln darf. Beides ist vollkommen in Ordnung. Manchmal brauchen Wünsche Zeit, um zu reifen. Und manchmal genügt ein einziger Moment der Klarheit, um anzukommen – ganz bei dir.

Deine Mission ist dein Kompass. Sie begleitet dich – mit innerer Klarheit und Herzensausrichtung – auf dem Weg zu deiner Vision.

## Übung: Deine Vision lebt - geh ihr entgegen

1. ***Nimm dir ein Blatt Papier und zeichne eine waagerechte Linie auf.***

2. ***Beschrifte die linke Seite mit »Start« und notiere das heutige Datum.***

3. ***Auf die rechte Seite schreibst du deine Vision und ein konkretes Jahr, in dem du sie verwirklicht haben möchtest.***

4. ***Ziehe eine große Klammer über die gesamte Linie und schreibe darüber: »Meine Mission«***
   Diese Klammer symbolisiert deinen Chancenraum – den Raum, in dem sich deine Mission entfaltet und in dem du wirkst.

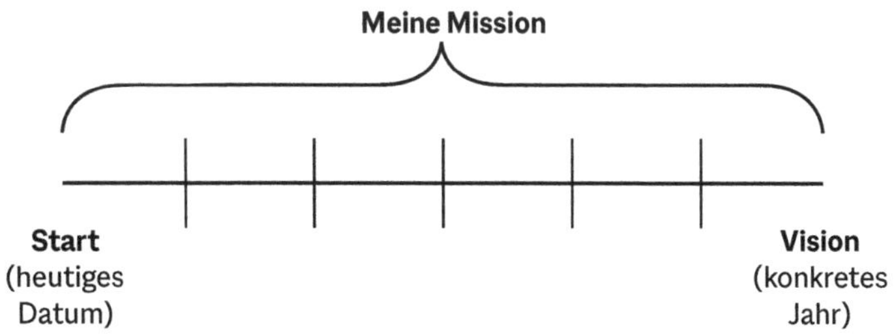

5. ***Jetzt beginnst du von rechts nach links zu arbeiten – vom Ziel zurück zum Start.*** Überleg dir, welche konkreten Handlungen, Meilensteine oder wichtigen Entscheidungen notwendig sind, damit du dein Ziel erreichst. Setze für jeden dieser Meilensteine einen kurzen Strich auf deiner Linie.

6. ***Neben jeden Strich schreibst du eine Etappe oder ein Etappenziel: eine erreichte Ausbildung, eine Weichenstellung im Beruf, eine Veränderung, neue Fähigkeiten, gestärkte Beziehungen und überwundene Hindernisse – einfach alles, was für dich wichtig sein wird.***

Woran orientierst du dich bei den Etappen?

→ **Was muss erreicht sein, damit du dem Ziel ein Stück näher bist?**
→ **Welche Fähigkeiten oder Ressourcen kannst du einsetzen?**
→ **Welche Entscheidungen oder Umbrüche gehören dazu?**
→ **Welche Zwischenstationen oder Teilerfolge kannst du dir konkret vorstellen?**

Vielleicht gibt es Zeiträume, in denen viel passiert, und andere, die sich eher durch innere Reifung auszeichnen. Beides ist wichtig und richtig.

Am Ende entsteht eine klare, motivierende Struktur – vom ersten bewussten Impuls heute bis hin zur Erfüllung deiner Vision.

So entsteht aus deiner Vision ein erfüllender Lebensweg, der wirklich zu dir passt.

Mit deinem Ziel vor Augen, einer klaren Mission im Herzen und einem wachsenden Vertrauen in deine Fähigkeiten bist du bereit für den nächsten Abschnitt.

Denn im Folgenden geht es darum, wie sich deine Entscheidungen und deine neue Ausrichtung in deinem Alltag zeigt – konkret, lebendig, echt.

**Es geht um deine Berufung!**

06

> ***Dort, wo die Bedürfnisse der Welt sich mit deinen Talenten kreuzen, an dem Punkt liegt deine Bestimmung.***
> *Viktor Frankl*

## Was ist deine Berufung und wie kannst du ihr folgen?

**Die Berufung** ist das, was dich von innen heraus ruft. Sie ist mehr als ein Beruf, mehr als ein Projekt, mehr als ein Ziel. Sie ist der Ausdruck deiner innersten Wahrheit – dort, wo deine Talente, Werte und Lebenserfahrungen auf einen echten Beitrag für andere treffen.

Du spürst deine Lebensaufgabe nicht im Kopf, sondern im Herzen. Es ist das, was dich berührt, antreibt, lebendig macht. Oft zeigt sich die Bestimmung nicht in einem großen Paukenschlag, sondern leise, beharrlich – in dem, was du »immer wieder tust«, ohne dass dich jemand dazu auffordern muss. In dem, worin du aufgehst, die Zeit vergisst. In dem, was andere an dir schätzen – manchmal noch bevor du es selbst erkennst.

**Deine Berufung ist deine gelebte Verbindung zwischen deinem »Warum« und deinem »Wie«.**

Während deine Mission dein inneres *»Warum«* beschreibt – also wofür du da bist –, ist dein innerer Ruf der lebendige Ausdruck davon in deinem Alltag. Deine Mission zeigt sich in deinem Tun, in deinen Rollen, in der Art, wie du dein Leben gestaltest: in deiner Berufswahl, in deiner Kommunikation, in deinem Umgang mit Menschen – und in dem, was du für die Zukunft kreieren möchtest. Wenn all das in Einklang steht, beginnt sich deine Berufung zu entfalten – ganz natürlich und mit spürbarer Wirkung.

Deine Mission zeigt sich in deinem Tun, deinen Rollen, deinem Alltag. In deiner Berufswahl, in deiner Art zu kommunizieren, in deinem Umgang mit Menschen, in deiner Vision für die Zukunft.

## Wie du deiner Bestimmung folgen kannst

**Berufung folgt** keiner linearen Logik. Sie ist kein Karriereplan, sondern eine Bewusstwerdung des Erinnerns, Entfaltens, Wachsens.

Hier ein paar Impulse, wie du ihr näher kommen kannst:

1. **Hör auf deinen inneren Antrieb.**
   **Was macht dich neugierig? Was lässt dein Herz aufgehen? Was würdest du tun, auch wenn du kein Geld dafür bekämst?**

06

> ***Deine Berufung ist der natürliche Ausdruck dessen, was dich ausmacht und was du der Welt schenken willst - sie kennt den Weg, du musst nur losgehen.***

2. **Beobachte deine Begegnungen.**
   **Was zieht sich durch dein Leben? Welche Themen, Menschen und Herausforderungen begegnen dir immer wieder?**

3. **Erkenne deine Gaben.**
   **Welche Fähigkeiten fallen dir leicht, sind aber für andere wertvoll? Worin erkennen dich andere wieder? Welche Gabe würdest du dir zuschreiben?**

4. **Trau dich, unperfekt zu beginnen.**
   **Du musst deine Berufung nicht perfekt kennen, bevor du ihr folgst. Geh den ersten Schritt. Folge der Spur. Sie erfüllt sich durchs Tun, nicht durchs Warten.**

5. **Vertraue auf deinen inneren Ruf.**
   **Die Essenz deines Wirkens ist wie ein innerer Magnet - je mehr du dich dir selbst näherst, desto klarer wird das, was du willst.**

Deine Berufung ist nicht das, was du tun »sollst«. Sie ist das, was du nicht unterlassen kannst. Weil es dich ausmacht, dich lebendig macht, du dadurch andere unterstützt – ganz natürlich, ohne dich zu verbiegen.

## Vom Fühlen ins Tun – deine Mission wird lebendig

**Stell dir vor,** du stehst auf einer stabilen Plattform – sie ist das Fundament, das du dir bisher aufgebaut hast: **deine Stärken, deine Werte, dein Herzenswunsch, deine Mission.** Du hast an Klarheit und Sicherheit gewonnen, weißt wofür du stehst.

Vor dir spannt sich eine Brücke über einen Fluss. Der Fluss ist nicht wild – er ist ruhig, tief und lebendig. Auf der anderen Seite liegt das Land deiner Berufung. Es wirkt vertraut und fremd zugleich.

Du weißt: dahinter beginnt das Leben, in dem du deine Mission lebst. Spürbar. Sichtbar. Wirksam. Du fühlst dich glücklich, du bist im Flow.

> Nimm dir einen Moment Zeit, schließe die Augen und beantworte dir folgende Fragen – gern schriftlich, wenn du das möchtest:

- → **Was erkennst du auf der anderen Seite der Brücke?**
- → **Welche Bilder, Gefühle, Tätigkeiten tauchen auf?**
- → **Wie zeigt sich dort deine Mission – wie wird sie konkret gelebt?**
- → **Was tust du?**

- → **Wie sprichst du?**
- → **Wer profitiert von deinem Wirken?**
- → **Was hält dich noch zurück, die Brücke zu überqueren?**
- → **Gibt es Zweifel, Ängste, Unsicherheiten?**
- → **Was brauchst du, um den Übergang auf diese Brücke zu wagen? Welche Stärke oder Ressource begleitet dich?**
- → **Wie fühlt es sich an, auf der anderen Seite anzukommen?**
- → **Was verändert sich in dir, wenn du deine Berufung lebst?**

## Von der Idee ins gelebte Leben

**Du kannst** dir die Brücke zwischen Sein und Tun wie folgt vorstellen: Auf der linken Seite ist dein Startpunkt – das Fundament. Die Brücke stellt deine Entscheidung zu wirken dar. Mut, Vertrauen und Entschlossenheit bringen dich auf die andere Seite. Und auf dem anderen Ufer wartet deine gelebte Berufung.

## Berufung heißt: mit dem Leben in Resonanz gehen

**Wenn du** deine Bestimmung lebst, schöpfst du nicht nur Sinn aus dem, was du tust – du beginnst auch, deinen ei-

genen Lebenswert neu zu entdecken. In dem Moment, in dem du deiner inneren Stimme folgst und deiner Arbeit eine tiefere Bedeutung gibst, verändert sich dein Selbstbild: Du spürst, dass du wertvoll bist! Nicht weil du funktionierst oder leistest, sondern weil du dich lebendig fühlst. Dein Herzensweg wird zum Schlüssel, mit dem du deine inneren Werte erkennst und entfalten kannst.

Du musst dich dafür nicht neu erfinden. Alles, was du brauchst, trägst du bereits in dir: deine Talente, deine Lebenserfahrungen, deine Leidenschaften. Je bewusster du mit ihnen arbeitest, desto leichter fällt es dir.

Achte darauf, ein Leben zu führen, das im Einklang mit deinen Werten steht. Denn ein stimmiges Leben entsteht dort, wo dein Alltag, dein Umfeld und deine Entscheidungen deine inneren Überzeugungen widerspiegeln. Gehen deine Werte mit deiner Berufung in Resonanz, entsteht innerer Frieden und du fühlst dich angekommen.

Sei selbst Gestalter deines Lebens. Viele Menschen folgen einem Lebenslauf, der von außen geschrieben wird – das ist bequem, aber selten erfüllend. Wer ein fremdbestimmtes Leben führt, lebt oft das eines anderen. Vielleicht das Leben eines Elternteils, das seine Träume nie verwirklicht hat, oder das einer Gesellschaft, die mehr Leistung als Lebensfreude erwartet. Wenn du deine Berufung ernst nimmst, übernimmst du Verantwortung – nicht nur im Job, sondern auch im Alltag. Du hast es in der Hand, wie du deine Energie einsetzt, für dein Wohlbefinden sorgst und deinen Lebensweg formst.

Vergiss dabei eines nicht: Berufung und Begeisterung gehören zusammen. Du darfst glücklich sein! Du darfst lachen, genießen und dich von ganzem Herzen freuen. Freude ist kein Luxus, sondern eine berechtigte Lebenslust. Wann hast du das letzte Mal etwas getan, das dir wirklich Spaß gemacht hat? Vielleicht war es ein Spaziergang, ein gutes Gespräch oder ein kreativer Moment. Solche Augenblicke machen dein Leben lebenswert. Schaffe viele solcher kleinen, intensiven Momente – denn oft sind sie kraftvoller als der eine große Erfolg, auf den du schon so lange wartest.

Du hast erkannt, wie viel Kraft bereits in dir steckt – durch deine Berufung, deine Erfahrungen und deine innere Ausrichtung.

***Etwas nimmt Gestalt an, wenn es sich aus dem Nebel des Unklaren löst und zur greifbaren Möglichkeit wird – bereit, gelebt zu werden.***

Jetzt öffnet sich eine neue Tür: Du lernst, deine Wahrnehmung zu verfeinern und dein Potenzial noch bewusster zu leben. Denn was du klar sehen und deutlich spüren kannst, kannst du auch gestalten – aus dir heraus und ganz in deinem Tempo.

06

## *Standort deiner Reise – du bist hier:*

*Du vertraust nun deiner inneren Stimme, setzt deine Stärken bewusst ein und betrittst mutig Neues – vielleicht noch nicht perfekt, aber echt.*

***Du hast deinen sechsten Schatz geborgen – er zeigt dir den inneren Kompass deiner Mission und führt dich klar und kraftvoll in Richtung deiner gelebten Berufung.***

*Deine Mission ist wie ein innerer Kompass. Sie hilft dir, den Kurs zu halten, auch wenn der Weg nicht immer geradeaus führt. Deine Berufung ist kein Ziel, das du erreichen musst – sie ist der Weg, den du mutig und bewusst gehst. Und dabei darfst du eines nie vergessen: Veränderung ist kein Sprung ins Nichts, sondern eine Brücke – geformt durch klare Ausrichtungen, kleine Taten und dein Vertrauen in dich selbst.*

*Du bist mehr als das, was du leistest. Dein Lebenswert ist nicht an Ergebnisse geknüpft. Er ist da – in deiner Art zu denken, zu fühlen, zu handeln. Freude ist dabei keine Nebensache, sondern ein verlässlicher Indikator auf deinem Weg. Wenn du beginnst, auf sie zu hören, zeigt sie dir, wo dein Leben leichter, echter und erfüllter wird. Genau dort liegt das nächste Juwel verborgen.*

**_Weitere Route:_**

*Manchmal weiß dein Kopf längst, was richtig wäre – doch dein Herz fühlt es nicht. Oder du spürst etwas tief in dir, kannst es aber nicht in Worte fassen. Im nächsten Abschnitt entdecken wir, wie du beides wieder in Einklang bringst: wie du deine Gefühle zulassen, ihnen Raum geben und sie mit deinem Denken zu einem kraftvollen, stimmigen Ganzen verbinden kannst.*

# 07

# Wie Herz und Verstand sich wiederfinden

# 07

**Es gibt Momente,** in denen du bestimmte Dinge rational verstehst, sie aber nicht wirklich spürst. In anderen Situationen hast du ein starkes Gefühl, kannst es jedoch nicht greifen oder in Worte fassen.

Ein Wunsch vieler Menschen ist es, diese beiden Ebenen – Verstand und Gefühl – wieder miteinander zu verbinden. Denn diese Verbindung ist leider irgendwann verloren gegangen.

## Gedanken oder Gefühle – was nimmst du besser wahr?

**Hast du** dir schon einmal bewusst gemacht, was dir leichter fällt: deine Gedanken zu beobachten oder deine Gefühle wahrzunehmen? Viele Menschen haben Schwierigkeiten, ihre Gefühle klar zu benennen oder auszudrücken – oft ohne sich dessen überhaupt bewusst zu sein. Sie spüren, dass »etwas nicht stimmt«, können es aber nicht in Worte fassen. Es fühlt sich diffus an, vielleicht sogar fremd.

Auch das hat häufig mit früh gelernten inneren Verboten oder gesellschaftlichen Prägungen zu tun. Burschen wird zum Beispiel oft vermittelt: *»Ein echter Mann weint nicht.«* Und so beginnen viele von uns schon früh, ihre Emotionen zu unterdrücken. Was einst ein Schutzmechanismus war, wird mit der Zeit zur inneren Blockade. Der Zugang zu den Gefühlen wird schwächer – oder reißt irgendwann ganz ab. Das ist schade. Denn jede Emotion hat ihren Platz in unserem Leben – Freude, Angst, Wut, Trauer, Ekel, Scham. Sie wollen gesehen, gespürt und gelebt werden. Es hat einen Grund, dass wir diese Gefühle haben. Erst durch den Ausdruck unserer Emotionen erhalten die Menschen um uns eine Rückmeldung über ihr Verhalten.

Unsere Reaktion spiegelt deren Handeln wider – so wie auch wir durch ihre Reaktionen unser eigenes Verhalten gespiegelt bekommen. Natürlich muss nicht jede Emotion sofort gezeigt werden – aber verdrängte Gefühle blockieren uns. Sie werden zu psychischen oder physischen Blockaden. Aber warum bauen wir einen Damm, wenn wir in Fluss und Fülle leben wollen?

Wie wir mit einem Gefühl umgehen, ist eine andere Geschichte – aber das Fühlen an sich ist essenziell, um unsere Potenziale zu entfalten und zu erkennen, was wir wollen und was nicht.

07

## Potenziale entfalten – die Melodie deiner Möglichkeiten

**Erinnerst du dich** an deine Stärken, Ressourcen und Talente, die du auf den Tasten deines Ressourcenklaviers dargestellt hast? Sie bilden den Nährboden deines Potenzials – manche spielst du bewusst, andere liegen noch im Verborgenen.

Und dann gibt es da noch die Begabungen. Sie sind oft versteckte Chancen, die noch in dir schlummern. Vielleicht konnten sie sich nie ganz entfalten, weil sie von äußeren Erwartungen überlagert wurden oder keinen Raum zur Entwicklung hatten. Diese Potenziale können sich auf verschiedenen Ebenen zeigen: intellektuell (durch analytisches Denken), emotional (Einfühlungsvermögen), kreativ, sozial oder auch körperlich.

Stell dir ein Samenkorn vor: In ihm liegt das vollständige Potenzial eines mächtigen Baumes. Aber damit es wachsen kann, braucht es Pflege, den richtigen Nährboden, Licht, Raum und Zeit. So wie im Samenkorn bereits alles angelegt ist, was es für seine Entfaltung braucht, tragen auch deine inneren Schätze bereits ihre Möglichkeiten in sich. Manche dieser Chancen erkennst du sofort – sie zeigen sich klar und greifbar. Andere werden erst durch Rückmeldungen aus deinem Umfeld sichtbar. Feedback von Familie, Freunden oder Kollegen kann dir helfen, Potenziale und blinde Flecken zu erkennen – denn oft unterscheidet sich das Fremdbild stark vom Selbstbild.

Vielleicht hast du in deiner Kindheit eine Tätigkeit geliebt, die heute keinen Platz mehr in deinem Leben hat.

**Erinnerst du dich an Fähigkeiten oder Leidenschaften, die irgendwann verkümmert sind? Welche deiner inneren Samen hast du zu lange nicht gegossen?**

Nimm dir bewusst Zeit, um darüber nachzudenken. Verlasse für einen Moment den Funktionsmodus und begib dich in deinen Chancenraum. Dort entsteht neue Klarheit. Du wirst spüren, wo es dich hinzieht, was du ausprobieren möchtest, wo dein Herz lauter schlägt. Sei mutig und lebe den Moment. Du darfst es dir erlauben und an dich glauben.

## *Dein Chancenraum – ein Date mit deinem Potenzial*

Das Ziel dieser Übung ist deine Wiederverbindung mit vergessenen oder verborgenen Stärken, Wünschen und Talenten. Sie wird ungefähr eine halbe Stunde in Anspruch nehmen. Such dir einen ruhigen Ort, wo du ungestört bist.

**So bereitest du dich darauf vor:**

- → Schalte dein Handy aus und alle elektronischen Geräte, die dich ablenken könnten.
- → Mach dir einen Tee oder etwas, das dir guttut.

07

→ Nimm dir ein Notizbuch oder ein leeres Blatt Papier und einen Stift zur Hand.
→ Setz dich bequem hin, schließe für einen Moment die Augen und atme tief durch. Komm bei dir an!

Beantworte folgende Fragen schriftlich, ohne sie zu zensieren oder zu bewerten:

---

***Rückblick – was in dir angelegt ist:***

1. **Was hat dir als Kind oder Jugendlicher besonders Spaß gemacht** (Zum Beispiel Geschichten erzählen, Dinge basteln, Pferde versorgen, Veranstaltungen organisieren, tanzen, musizieren)?

2. **Wofür hast du früher Komplimente bekommen - auch wenn du sie nicht ernst genommen hast?**

3. **Was hast du geliebt, aber irgendwann aufgegeben, weil es nicht »vernünftig« war?**

4. **Welche deiner Talente hast du schon lange nicht mehr genutzt - oder vielleicht nie richtig entfaltet?**

---

***Gegenwart – was jetzt da ist:***

1. **Was bringt dich heute so richtig in deinen Flow - ganz ohne Anstrengung?** (Momente, in denen du Zeit und Raum vergisst.)

2. **Wann hast du dich das letzte Mal lebendig gefühlt? Was war da anders als sonst?**

3. **Welche Rückmeldung aus deinem Umfeld hat dich überrascht - im positiven Sinne?** (Zum Beispiel »Du hast so eine Ruhe.«, »Du bist so kreativ.«, »Du bringst Menschen zusammen.«)

---

***Ausblick – was entstehen darf:***

1. **Was würdest du tun, wenn du keine Angst vor dem Scheitern hättest?** (Trau dich, groß zu denken.)

2. **Welche Begabung oder Leidenschaft möchtest du wiederbeleben - oder ganz neu entdecken?**

3. **Was kannst du als Erstes tun, um dieser Stärke mehr Platz in deinem Leben zu geben?** (Zum Beispiel einen alten Malkasten herausholen, einen Kurs buchen, jemandem davon erzählen ...)

---

***Abschluss – was du dir versprichst:***

Schreibe abschließend einen Satz, der dich motiviert – ein persönliches Versprechen an dich selbst, zum Beispiel:

→ **»Ich erlaube mir, meinem inneren Ruf wieder mehr Gehör zu schenken.«**

→ **»Ich muss nicht perfekt sein - ich darf neugierig sein.«**

# 07

***Achte auf das, was du nährst, denn es wird wachsen. Widme deine Aufmerksamkeit den Dingen, die du haben möchtest. Dein Fokus lenkt deinen Weg.***

Probiere dich aus, experimentiere, sammle neue Erfahrungen. Und bleib dran. Sei geduldig mit dir. Auch ein Baum wächst nicht über Nacht, aber er wächst stetig, und irgendwann trägt er Früchte.

Übrigens: Die süßesten Früchte bekommen nicht nur die großen Tiere. Auch die scheinbar kleinen, stillen, unscheinbaren Wesen finden ihren Weg zum Ziel – auf ihre eigene, ganz individuelle Weise. Es braucht nicht immer Kraft, Größe oder Lautstärke, um Erfolg zu haben. Manchmal sind es gerade Feinfühligkeit, Kreativität, Ausdauer oder der Mut, neue Wege zu gehen, die den Unterschied machen. Wir alle wollen diese süßen Früchte ernten, wir alle streben nach Erfolg. Durch Erfolg machen wir uns sichtbar und bekommen Anerkennung für unsere Begabungen, die unserem Tun zugrunde liegen.

Mit jedem bewussten Handeln wird dein Fundament stabiler. Du verlässt nach und nach deine Komfortzone, durchwanderst deine Angstzone und gelangst schlussendlich in deine Wachstumszone. Dort beginnt dein Potenzial zu blühen.

Du wirst ernten, was du genährt hast. Und du wirst stolz sein auf das, was du bist, was du geschaffen hast und was du hinterlässt.

## Deine Potenziale leben - bewusst und wirksam

**Es ist entscheidend,** deine Potenziale mit deinem Herzenswunsch zu verbinden.

Genau dort entsteht ein neuer Chancenraum,
wo du Antworten auf deine Fragen findest:

- → **Was ist dir besonders wichtig?**
- → **Worauf kannst du auf keinen Fall verzichten?**
- → **Welche deiner Stärken spiegeln dein Wesen wider?**

Wenn du die Antwort auf diese Fragen gefunden hast, kannst du deine Prioritäten leichter setzen. Konzentriere dich auf zwei bis drei Kompetenzen, die dich ausmachen und dir besonders am Herzen liegen – sie geben deinem Handeln Halt und Orientierung.

Nehmen wir an, du erkennst, dass zwei deiner größten Stärken Kreativität und Einfühlungsvermögen sind. Bisher hast du sie vielleicht nur am Rand deines Alltags gespürt – in kleinen Momenten, in Gesprächen, in deinen Ideen. Was könnte passieren, wenn du ihnen bewusst mehr Raum gibst? Vielleicht beginnst du, ein Herzensprojekt zu starten, ein Ehrenamt zu übernehmen oder deine Aufgaben im Job neu auszurichten. Plötzlich fühlt sich dein Alltag nicht mehr nach reinem Funktionieren an, sondern wie ein lebendiges Gestalten – im Einklang mit dem, was dich ausmacht. Manchmal reicht ein kleiner Schritt, um deinen Potenzialen Flügel zu verleihen und dich auf die nächste Stufe deiner Erfolgstreppe zu katapultieren.

Eine weitere wertvolle Möglichkeit ist der Austausch mit Menschen, die ähnliche Interessen und Ziele verfolgen. In Netzwerken und Gesprächen bekommst du Rückmeldungen und Inspiration, die dir helfen, deine Potenziale weiterzuentwickeln oder dir deine schon erreichten Erfolge vor Augen führen. Der Blick von außen eröffnet dir neue Sichtweisen – und kann dir zeigen, wo auf deiner Lebensreise du gerade stehst.

Und bei allem gilt: Achte gut auf dich und deinen Energiehaushalt. Es geht nicht darum, schneller oder besser als andere zu sein – sondern darum, nachhaltig, gesund und mit Freude dabei zu sein. Dein Potenzial entfaltet sich nicht über Nacht – es wächst in einem lebendigen Prozess, der dich sanft und beständig zu dir selbst führt. Und dabei gilt: Du bist gut, genau so, wie du bist.

Wenn du deine Gaben leben willst, gehört auch Loslassen dazu – das Loslassen alter Muster, überholter Rollen, einengender Glaubenssätze oder Erwartungen.

→ **Wie fühlst du dich, wenn du das liest?**
→ **Was ist dein Impuls?**

***Potenziale sind Töne, die gespielt werden wollen.***
***Bist du bereit für dein Lied – dein Lebenskonzert?***

→ **Was solltest du aufgeben?**
→ **Was brauchst du nicht mehr, um dein Leben in Fülle zu gestalten?**

Denk daran: Du darfst es leichter haben! Erlaube es dir!

Manchmal beginnt ein neuer Lebensabschnitt nicht mit einem lauten Schrei oder Startschuss, sondern mit einem leisen, ehrlichen Abschied. Einem Abschied von dem, was nicht mehr zu dir gehört, gar nicht mehr zu dir passt. Ein bewusster Schritt, um Platz zu schaffen – für neue Gedanken, neue Menschen, Herangehensweisen und neue Chancen!

Im nächsten Kapitel erfährst du, wieviel Kraft im Öffnen, Loslassen und in einem echten Neuanfang steckt.

07

## Standort deiner Reise – du bist hier:

*Du hast dich auf den Weg gemacht, deine innere Welt zu erkunden. Dabei hast du erkannt, dass es Mut braucht, Gedanken und Gefühle wieder miteinander zu verbinden. Der Funktionsmodus hat dich lange begleitet – jetzt hast du einen neuen Raum für das geschaffen, was dich bewegt.*

***Du hast deinen siebenten Schatz geborgen – er bringt Herz und Verstand in Einklang und öffnet dir den Raum, dein volles Potenzial bewusst, mutig und authentisch zu leben.***

*Du hast begonnen, deine Stärken, Ressourcen und Potenziale wiederzuentdecken – manche waren bekannt, andere lagen lange im Verborgenen. In der Stille und im ehrlichen Rückblick sind Erinnerungen, Sehnsüchte und Fähigkeiten aufgetaucht, die dich tief mit deinem inneren Kern verbinden. Du hast dich getraut, Wünsche zuzulassen, dir selbst Fragen zu stellen – und Antworten zu finden, die aus dir heraus entstanden sind.*

**Weitere Route:**

*Im Folgenden erfährst du, wie du aus deinem Potenzial umsetzbare Aktionen ableitest – im Einklang mit deinem Herzen und deinem Verstand. Du wirst lernen, loszulassen, was dich zurückhält, und dich für das zu öffnen, was dich wirklich erfüllt. Es ist Zeit für einen echten Neuanfang – mit Klarheit, Mut und Vertrauen in dich selbst.*

# 08

# Loslassen, um weiterzugehen

08

**Es gibt ein Lied** von Peter Alexander mit dem Titel *»Sag zum Abschied leise Servus«*. Sich von etwas zu trennen, ist selten einfach. Loszulassen kann sogar viel schwerer sein als festzuhalten – auch wenn man danach beide Hände frei hat. Doch genau diese Freiheit bringt dich wieder zu dir selbst.

Abschied zu nehmen von Dingen, Menschen, Situationen, Gedanken – all dem, was dir nicht mehr guttut –, gehört zu den wichtigsten und mutigsten Schritten im Leben. Einen perfekten Zeitpunkt dafür gibt es nicht. Der einzige passende Moment ist der, den du selbst als richtig empfindest.

Befreiung ist kein einzelnes Ereignis, es ist ein innerer Prozess – ein stiller, oft unbemerkter Wandel. Du kannst dich leise verabschieden. Es kann wehtun. Es darf befreien. Und manchmal fühlt es sich an, als würde eine Last von dir abfallen, die du viel zu lange mit dir herumgetragen hast.

Wenn etwas nicht für dich bestimmt ist, wenn es dich nicht nährt, nicht stärkt, nicht weiterbringt – dann darfst du es weglassen. Ganz tief in dir drinnen weißt du es ohnehin schon. Du spürst, was dir guttut und was nicht. Auch wenn du immer wieder versuchst, es zu ignorieren – irgendwann kommt der Moment, in dem dir nichts anderes übrigbleibt, als hinzuschauen. Und wenn du dich tatsächlich damit beschäftigst – ganz bewusst und ohne Ausflüchte –, übernimmst du die Verantwortung für dich und für dein Leben.

Vielleicht fragst du dich jetzt: **Wann ist der richtige Zeitpunkt, sich zu trennen?** – Darauf gibt es keine pauschale Antwort.

Dein Körper, dein Gefühl und dein Alltag sprechen eine deutliche Sprache und beantworten deine Frage. Wenn du dich regelmäßig frustriert fühlst, wenn dir bestimmte Menschen oder Tätigkeiten Energie rauben, wenn du immer wieder das Gefühl hast, auf der Stelle zu treten, obwohl du dich weiterentwickeln willst, dann ist das kein Zufall. Es ist ein Zeichen. Und wenn du innerlich merkst, dass dir etwas nicht guttut, dass sich dein Herz eng anfühlt, dass du unklar, angespannt oder sogar wie ein Fremder in deinem eigenen Leben bist – dann nimm es ernst. Im Unwohlsein steckt das Wort »Wohl«. Und genau darum geht es hier: um dein Wohl.

Vielleicht hast du schon körperliche Symptome: Schlaflosigkeit, Kopfschmerzen, Verspannungen, Übergewicht, Untergewicht, ein flaues Gefühl im Magen. Oder du hörst deine innere Stimme – und redest sie klein: *»Heute war einfach ein schlechter Tag.« »Ich übertreibe.« »Er oder sie meint es nicht so.«* Aber tief in dir drin weißt du: Es ist nicht stimmig.

Das Leben ist ehrlich. Es schickt dir Situationen so lange, bis du bereit bist, sie zu verstehen. Es spiegelt dir immer wieder dieselben Muster, solange du sie nicht durchbrichst. Veränderung geschieht dann, wenn du aufhörst zu warten – auf den perfekten Moment, die Zustimmung der anderen, das *»Wenn-Dann«* in deinem Kopf. Veränderung beginnt, wenn du sagst: *»So nicht mehr!«*

Und genau dann – wenn du loslässt – geschieht das Magische: Du schaffst Raum für Neues, für Entwicklung – für dich. Alte Gewohnheiten loszulassen ist kein Verlust. Es ist wie eine innere Inventur. **Was willst du behalten? Was darf gehen? Was dient dir in deinem neuen Lebensabschnitt nicht mehr?**

Es gibt viele Möglichkeiten, dich bei der Trennung zu unterstützen. Hier teile ich eine einfache, aber kraftvolle Übung: Wenn du dich in einer belastenden Situation befindest, nimm dir zehn Minuten Zeit und schreib alle Punkte auf, die dich stören. Danach markierst du die Bereiche, die du nicht selbst beeinflussen kannst – und du wirst feststellen: das ist einiges.

Ärgere dich nicht über Dinge, die du nicht in der Hand hast! Du kannst andere nicht ändern, nur dich selbst und deine Perspektive.

Hilfreich sind auch symbolische Rituale zum Loslassen. Schreib einen Brief – an eine Person, über die du dich ärgerst, oder an dein altes Ich oder an eine vergangene unangenehme Situation. Sag darin, was du fühlst, wovon du dich verabschiedest, warum du es ab sofort nicht mehr benötigst. Bedanke dich für die Erfahrung. Und dann verbrenne diesen Brief, vergrabe ihn, wirf ihn in einen Fluss oder spüle ihn die Toilette hinunter – was immer sich für dich richtig anfühlt. Es geht nicht um die Handlung, sondern um das, was sie dir ermöglicht: neuen Freiraum.

Manchmal hilft es auch, deine Gedanken laut auszusprechen. Aber besprich dich mit jemandem, der sich außerhalb deines Systems befindet – der neutral zu dir steht und es gut mit dir meint. Jemand, der nur eines will: dass du wieder bei dir selbst ankommst. Und vielleicht fällt dir dann auf: nicht nur das Freilassen ist befreiend, sondern besonders das Vergeben – dir selbst und anderen. Vergebung setzt Energie frei. Nicht ausgesprochene Vergebung bindet dich an alte Schmerzen. Und du trägst diese negative Energie – dieses Gewicht – Tag für Tag mit dir herum. Es wird Zeit, diese negativen Dinge abzulegen.

Wenn du eine neutrale Person brauchst, bin ich gerne für dich da! Falls du Lust hast, such dir einen passenden Termin in meinem Kalender aus. Einfach diesen QR-Code mit deinem Handy scannen und ein kostenloses Erstgespräch vereinbaren.

**Ich freue mich auf dich!**

08

Entscheide dich für dich selbst, wähle dein Wohl und dein erfüllteres Leben! Sag nicht länger »Ja«, wenn du »Nein« meinst. Setze Grenzen – nicht aus Egoismus, sondern aus Selbstschutz.

Überlege dir:

→ **Wo brauchst du Klarheit?**
→ **Wo darf dein echtes, ungefiltertes Ich wieder Platz haben?**

Und wenn du das weißt, dann erinnere dich immer daran. Auch dann, wenn jemand versucht, dich von deinem Lebenskonzept abzubringen. Du bist nicht hier, um anderen zu gefallen – du bist hier, um ganz du selbst zu sein.

Loslassen ist nicht das Ende. Es ist der Anfang. Der Anfang von allem, was möglich wird, wenn du dich entscheidest, dir selbst wieder näherzukommen. Du lässt los und schaffst Raum für Freude, für Leichtigkeit, für dich.

## Vom Anwaltsbüro auf die Bühne - wenn Herz und Verstand gemeinsam entscheiden

**Was bedeutet** es konkret, Entscheidungen mit Herz und Verstand zu treffen? Schauen wir uns ein Beispiel an, das diesen Unterschied greifbar macht.

**Nur mit Verstand:**

Du hast studiert, bist ein angesehener Anwalt mit glänzenden Karriereaussichten. Deine Argumentationskraft ist beeindruckend, du denkst schnell, trittst souverän auf, kannst komplexe Zusammenhänge verständlich machen. Du verdienst gut, genießt gesellschaftliches Ansehen – alles scheint zu passen. Für andere bist du ein Vorbild.

Und doch: Du spürst eine Leere. Trotz all der äußeren Erfolge fühlst du dich innerlich nicht erfüllt. Die Aktenstapel, die Gerichtstermine, die ständige Rationalität – sie fordern deinen Verstand, aber lassen dein Herz kalt.

**Mit Herz und Verstand:**

Du beginnst dich zu fragen: **Was wäre, wenn ich meine Fähigkeiten anders einsetze?**

# 08

Du bist extrovertiert, offen, überzeugend – aber nicht nur vor Richtern. Du möchtest auf eine Bühne, nicht ins Kreuzverhör. Dein Wissen willst du nicht verteidigen, sondern teilen. Du möchtest lehren, inspirieren, andere innerlich berühren.

In dir wächst der Wunsch, etwas Größeres zu bewirken – nicht für Mandanten, sondern für die Gesellschaft. Soziale Kontakte bedeuten dir mehr als berufliche Netzwerke. Du willst nicht nur Probleme juristisch lösen, sondern gemeinsam mit anderen den Kern menschlicher Anliegen verstehen – emotional, empathisch, tief. Deine Stärken bleiben dieselben: Struktur, Klarheit, Überzeugungskraft. Aber die Kulisse hat sich geändert.

Du erkennst deine Mission – nehmen wir an, es sind Kunst und Geschichte. Deine Passion liegt in der Weitergabe von Wissen – vielleicht in Form von Ausstellungen, Bildungsprogrammen oder innovativen Kulturformaten. Deine Berufung: Menschen begeistern, mitreißen, zum Nachdenken bringen. Du willst in Kooperationen wachsen, mit anderen gestalten – nicht für ein Urteil, sondern für eine gemeinsame Zukunft.

Dieses Beispiel zeigt: Der Verstand kennt den Plan, das Herz weiß, wie du hinkommst. Beide gemeinsam bringen dich dorthin, wo du nicht nur funktionierst – sondern lebst.

## Wenn du loslässt, beginnt dein Leben

**Abschied mag schmerzen,** aber er trägt immer einen Anfang in sich – wie der erste Atemzug nach der Geburt. Jetzt beginnt der Moment, in dem du dich neu ausrichtest. Nicht mehr auf das, was war, sondern auf das, was möglich ist. Auf ein Leben, in dem du nicht mehr nur funktionierst, sondern das du liebst. Denn genau hier, in der Stille nach dem Loslassen, liegt der kraftvollste Neubeginn. So wie nach dem Winter der Frühling folgt.

Der Neubeginn startet mit einer einzigen Frage:

→ **Wie willst du leben?**

Diese Frage zu beantworten, fällt dir möglicherweise nicht so leicht. Es ist oft einfacher, auszudrücken, was du nicht mehr willst. Doch nun geht es darum, zu definieren, was du willst: Welches Leben du liebst und was dein kraftvolles Lebenskonzept ist.

08

Ein erfülltes Leben ist mehr als nur Sicherheit oder äußere Erfolge. Es geht um Tiefe, um innere Stimmigkeit und darum, das Gefühl zu haben, am richtigen Platz zu sein – angekommen bei dir selbst.

Du brauchst einen Sinn. Einen Grund, morgens aufzustehen. Zu wissen, was dir wichtig ist – aus tiefstem Herzen – und welche Werte dich leiten, ist essenziell.

Genauso entscheidend sind die Beziehungen in deinem Leben.

→ **Mit welchen Menschen willst du verbunden sein?**
→ **Bei wem kannst du ganz du selbst sein?**

Es sind jene Menschen, mit welchen du gemeinsam lachen, schweigen und wachsen kannst.

Ein weiterer Kernbereich ist deine Arbeit. Sie darf Ausdruck deiner Stärken und Talente sein. Es geht nicht nur darum, Geld zu verdienen, sondern um einen Beruf, der dir Energie gibt, deine Stärken fördert und Mitgestaltung ermöglicht – eine Tätigkeit, die dich erfüllt und die du mit Begeisterung tun kannst.

Ebenso wichtig ist deine Gesundheit. Wenn du dich körperlich wohlfühlst, kannst du dein Leben mit Freude gestalten. Dein Körper ist dein Zuhause – er verdient deine Fürsorge. Ausreichend Schlaf, Bewegung, bewusste Ernährung und eine gute Balance zwischen Stress und Ruhe tragen zu deiner Lebensqualität bei.

Wachstum ist ein zentraler Bestandteil eines erfüllten Lebens. Lernen aus Neugier, nicht aus Druck. Durch Bücher, inspirierende Gespräche oder den Austausch mit Menschen, die dich bereichern. Fehler dürfen hier nicht als Scheitern gelten, sondern als Quelle neuer Erkenntnisse.

Freiheit ist ein weiterer Schlüssel. Du brauchst Gestaltungsspielraum und Entscheidungsfreiheit. In unterschiedlichen Lebensphasen verändert sich dieser Raum. Mit kleinen Kindern wirst du dich zurücknehmen, später wird dein persönlicher Raum wieder größer. Diese Flexibilität ist notwendig.

Ein erfülltes Leben braucht emotionale Ehrlichkeit – die Erlaubnis, zu fühlen, nicht nur zu funktionieren. Ohne Maske, mit offenem Herzen. Deine Gefühle sind keine Störung, sie sind dein inneres Navigationsgerät. Und sie brauchen Schutz.

Im Buch *»Der kleine Prinz«* von Antoine de Saint-Exupéry begegnet ein junger Reisender aus einer anderen Welt verschiedenen Erwachsenen, die fast alle eines gemeinsam haben: Sie haben den Zugang zu ihrem Herzen verloren. Sie funktionieren, zählen, kontrollieren, streben – aber sie leben nicht wirklich. Auf seiner Reise erkennt der kleine Prinz, was wirklich zählt: Freundschaft, Verbundenheit, Verantwortung und die Bedeutung ehrlicher Gefühle. Besonders berührend ist seine Beziehung zu einer Rose. Diese Rose ist nicht irgendeine Blume – sie ist »seine Rose«. Weil er sich um sie gekümmert hat, weil er mit ihr verbunden ist. Und deshalb ist sie für ihn einzigartig und schützenswert. Er weiß: Wenn er sie nicht schützt, könnte sie von einem Schaf gefressen werden – einfach so, nebenbei, weil niemand ihren wahren Wert erkennt.

Genauso ist es mit deinen Gefühlen, Werten und Träumen. Sie sind oft unsichtbar für andere, aber sie sind das, was dich ausmacht. Du darfst sie ernst nehmen. Du darfst sie schützen. Denn wie der kleine Prinz uns lehrt: *»Man sieht nur mit dem Herzen gut. Das Wesentliche ist für die Augen unsichtbar.«*

Und schließlich braucht es Visionen und Ziele. Ein klares Bild von einem Leben, das dich begeistert – und konkrete Wege, die dich ihm mit Leichtigkeit und Mut näherbringen.

→ **Welchen Bereich möchtest du als Erstes in deinem Leben stärken?**
→ **Was hat jetzt Priorität?**

Jede kleine Bewegung in die richtige Richtung bringt dich näher zu einem Leben, das du liebst.

## Die sieben Bereiche eines erfüllten Lebens

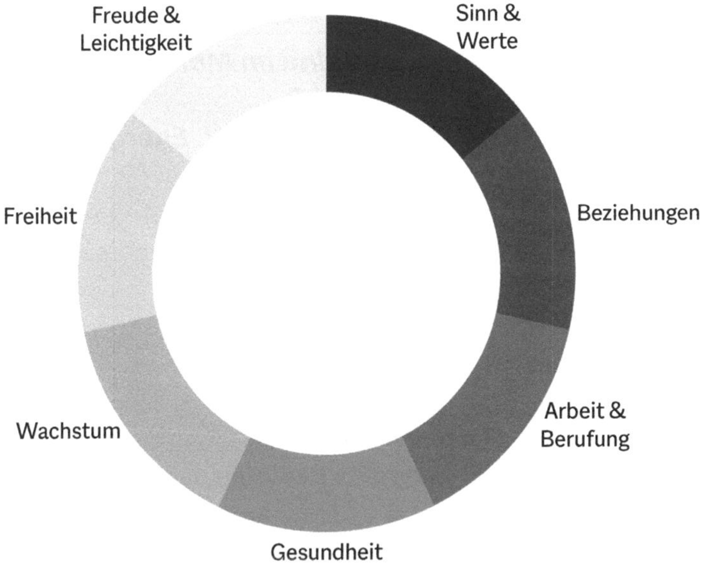


**Welche Bereiche brauchen gerade deine Aufmerksamkeit?** Manchmal spüren wir ganz genau, wo etwas fehlt – manchmal ist es eher ein leises Ziehen im Hintergrund.

Die Übung auf der nächsten Seite hilft dir, mehr Klarheit zu gewinnen.

# 08

***Klarheit ist ein Licht, das Chancen sichtbar macht.***

## *Welche Lebensbereiche sind im Moment besonders wichtig für dich? Wo willst du beginnen, neue Kraft, Energie und Klarheit hineinzubringen?*

Schau dir die sieben Lebensbereiche an und spüre bewusst in jeden einzelnen hinein.

Folge dabei deinem ersten Impuls.

- → **Was ruft dich zuerst?**
- → **Wo spürst du das größte Bedürfnis nach Veränderung?**
- → **Was darf als Nächstes wachsen?**

Vergib Prioritäten von 1 bis 7:

**1** = der Bereich, den du jetzt als Erstes in den Mittelpunkt stellen möchtest.
**7** = der Bereich, der im Moment am wenigsten Aufmerksamkeit braucht.

Trage deine Zahlen direkt in die Tortenstücke ein. Es gibt kein Richtig oder Falsch – nur deine Wertigkeit, die deinem inneren Kompass folgt.

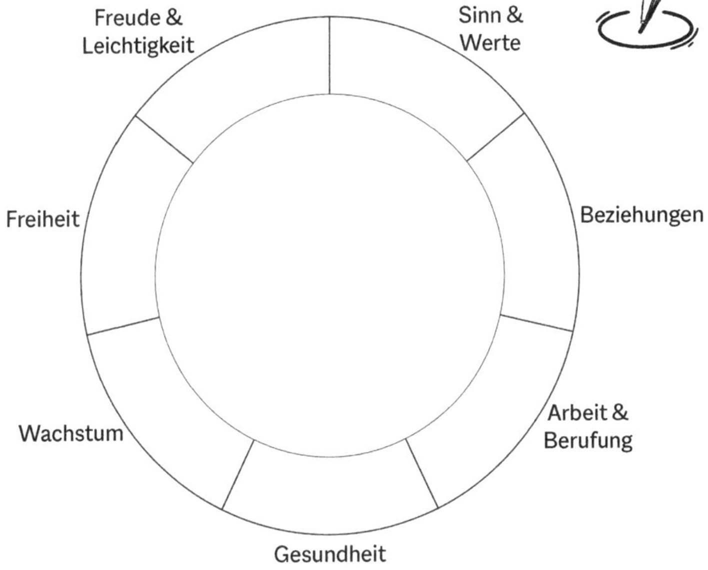


Du hast nun einen entscheidenden Meilenstein gesetzt: Du hast gespürt, was dir wichtig ist, und entschieden, wo du anfangen möchtest.

Das ist der Zeitpunkt, in dem aus einem vagen Gefühl eine klare Richtung werden kann. Klarheit entsteht nicht nur im Kopf, sie beginnt im Herzen. Je besser du dich selbst verstehst, desto leichter ist es, Entscheidungen zu treffen, die zu dir passen.

08

## *Standort deiner Reise - du bist hier:*

*Wahre Stärke entsteht, wenn du lernst, deine Gefühle zu verstehen, ihnen Ausdruck zu verleihen und sie mit deinem Verstand in Einklang zu bringen – für Entscheidungen, die dich weiterbringen.*

***Du hast deinen achten Schatz geborgen – und mit ihm ein tiefes Verständnis dafür, wie kraftvoll die Verbindung zwischen Herz und Verstand sein kann.***

*Sie sind keine Gegensätze, keine Konkurrenten. Herz und Verstand sind dein Team – gemeinsam geben sie dir Richtung, Tiefe und Orientierung. Der Verstand analysiert, das Herz fühlt. Erst im Zusammenspiel entsteht Weisheit.*

*Damit das gelingt, brauchen deine Gefühle Raum und Sprache. Sie möchten gesehen und gehört werden. Werden sie unterdrückt oder ignoriert, verschwinden sie nicht – sie stauen sich auf, zeigen sich in anderen Ausdrucksformen. Verdrängte Gefühle werden zu Blockaden – innerlich wie äußerlich. Sie halten dich zurück, oft ohne dass du genau weißt, warum. Doch sobald du ihnen Ausdruck verleihst, lösen sie sich. Energie wird frei.*

*Gerade wenn du deine Potenziale entfalten willst, ist dieses Zusammenspiel entscheidend. Unsere inneren Möglichkeiten entfalten sich dort, wo Gefühl und Den-*

*ken kooperieren. In diesem Gleichgewicht liegt die Kraft, die dich voranbringt – in deinem Tempo, auf deinem Weg, mit deiner Wahrheit.*

*Manchmal beginnt dieser Weg mit einer Entscheidung, die Mut erfordert: Loslassen. Loslassen ist kein Verlust – es ist ein Raumgewinn. Ein bewusstes Befreien, das nicht nach außen, sondern nach innen führt. Es ist der Beginn eines echten Neuanfangs. Und dieser Beginn führt dich zuerst zu dir selbst zurück. Nicht für andere. Für dich.*

*Echte Klarheit entsteht nicht im Kopf – sie beginnt im Herzen. Erst wenn du innerlich spürst, was stimmig ist, kann der Verstand die passenden Worte, Strukturen und Entscheidungen finden. Du brauchst beides – dein Fühlen und dein Denken. Gemeinsam zeigen sie dir den Weg, wie du aus dir selbst heraus wachsen kannst. Mit Klarheit, Tiefe und Vertrauen.*

## *Weitere Route:*

*Jetzt kommen wir zum finalen Abschnitt unserer Reiseroute. Wir beseitigen den letzten Stein, der auf deinem Weg zum Ziel liegt – deine Blockade. Wir erklimmen den Hügel, auf dessen Gipfel dein neues Lebenskonzept wartet, und lassen den Chor der Stimmen zurück, die »Geh nicht!« rufen.*

# 09

# Der letzte Wächter – wenn dein Mut an die Tür klopft

DON'T GO
DON'T GO
DON'T GO
DON'T GO
DON'T GO

# 09

**Du hast** Vieles losgelassen. Du hast Platz geschaffen für Neues, für Klarheit, für das, was dich ausmacht. Du hast gelernt, dich leise zu verabschieden – mit Würde, mit Gefühl, mit der Kraft des Herzens. Und du hast erkannt: Loslassen ist kein Verlust, sondern eine Rückkehr zu dir selbst.

Doch genau jetzt, in diesem Moment innerer Offenheit, zeigt sich oft eine letzte Hürde. Sie taucht auf wie ein bedrohlicher Schatten auf dem Weg in dein neues Leben. Es ist die Blockade – jener innere Widerstand, der schreit: *»Geh nicht!«*

Vielleicht kennst du sie schon – diese Stimmen, die zweifeln, mahnen, zurückhalten. Sie sind nicht deine Feinde. Sie sind die sorgsamen Wächter deines alten Lebens. Sie tragen alte Überzeugungen, vergangene Erfahrungen, gespeicherte Ängste in sich. Und obwohl du bereit bist, weiterzugehen, stellen sie sich dir in den Weg. Nicht aus Bosheit – sondern aus Fürsorge.

Die Grafik am Beginn dieses Kapitels zeigt dir diese Situation bildhaft: Ein Zebra – stark, einzigartig, bereit für den nächsten Schritt – steht über einer geöffneten Schatztruhe. Der innere Reichtum ist sichtbar, greifbar. Und doch formieren sich am Fuße des Berges Teile eines alten Lebens mit großen »Don't go«-Schildern. Sie halten uns zurück, erinnern uns an Sicherheit, an Gewohnheit, an das, was war.

Du bist nicht mehr dieselbe Person wie zu Beginn dieser Reise. Du hast gelernt, zwischen Angst und Intuition zu unterscheiden. Zwischen echtem Risiko und bloßer Vorsicht. Und du weißt: Die Stimmen in dir dürfen gehört werden, aber sie dürfen dich nicht mehr aufhalten. Du spürst jetzt, dass jede Unsicherheit auch ein Aufruf zum Aufbruch ist. Du erkennst, wie sich aus Fragen neue Möglichkeiten öffnen. Und du weißt: Dein nächster Schritt führt dich näher zu deinem erfüllten Leben.

In diesem Kapitel betreten wir den Ort, an dem sich dein Mut und deine Sorgfalt begegnen. Ein Dialog beginnt – zwischen dem Teil in dir, der gehen will, und dem Teil, der dich schützen möchte. Es ist kein Kampf, sondern ein Gespräch. Und in diesem Dialog liegt die Lösung verborgen: deine eigene Erlaubnis, weiterzugehen.

Bereit? Dann lass uns die warnenden Stimmen nicht verdrängen – sondern verstehen. Damit du mit Selbstvertrauen sagen kannst: *»Ich höre euch. Aber ich gehe trotzdem weiter, mit meinem neuen Lebenskonzept, in meine mich mehr erfüllende Zukunft.«*

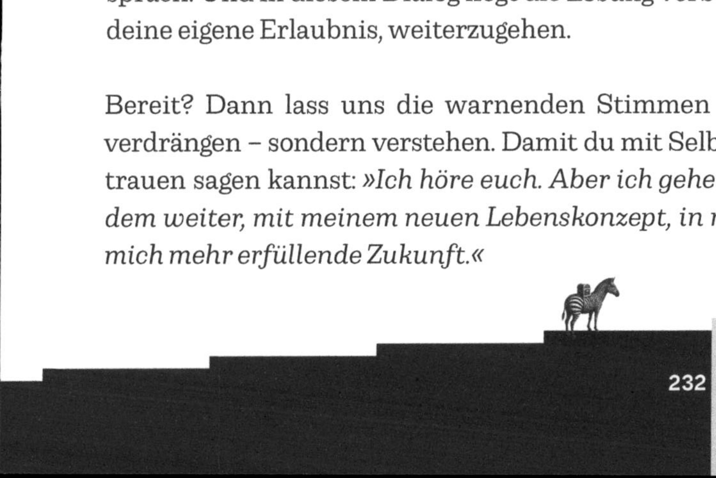

**Dazu eine wunderschöne Übung:**

Stell dir vor, du betrittst einen Raum. Es ist dein inneres Wohnzimmer. Ein Ort, an dem du dich wohlfühlst – so eingerichtet, wie du es dir wünschst. Helle Fenster lassen Licht herein, es wirkt freundlich und warm. In der Mitte steht ein runder Holztisch mit Stühlen. Du setzt dich auf einen davon.

Auf einem weiteren nimmt dein Mut Platz, auf dem anderen deine Sorgfalt. Du selbst bist Zuhörer bei diesem Treffen.

## Das Thema des Gesprächs: dein Herzenswunsch

Lass uns dazu ein reales Beispiel anschauen. Clemens hatte sich ein konkretes Ziel gesetzt: Er wollte in einem Jahr 15 Kilogramm abnehmen – um sich fitter zu fühlen und weil er zu seiner Hochzeit in den Anzug passen wollte, den er sich extra dafür ausgesucht hatte. Sein Herzenswunsch lautete: *»Ich möchte mich voller Energie und Leichtigkeit fühlen.«*
Werfen wir gemeinsam einen Blick auf seinen inneren Dialog:

Die **Sorgfalt** eröffnet das Gespräch: *»Vergiss es – das schaffst du nie.«*

Der **Mutige** antwortet sofort: *»Natürlich werde ich das schaffen!«*

Darauf kontert die **Sorgfalt**: *»Das hast du schon oft gesagt. Und es hat nie funktioniert.«*

Der **Mut**, voll motiviert: *»Aber diesmal habe ich einen Plan.«*

**Sorgfalt** erwidert darauf skeptisch: *»Du und deine Pläne – die hältst du doch sowieso nicht ein. Ich kenne dich. Morgen fängst du an: mañana, wie die Spanier sagen.«*

**Mut**, leicht genervt: *»Diesmal ist es anders.«*

Darauf die **Sorgfalt**: *»Und warum sollte es jetzt anders sein?«*

**Mut**: *»Weil ich jetzt weiß, was ich wirklich will – und warum. Ich mache es nicht für andere, sondern für mich. Ich will mich besser fühlen. Ich bin mir selbst wichtiger geworden. Ich glaube an mich.«*

Die überraschte **Sorgfalt**: *»Und wie hast du das erkannt?«*

Der stolze **Mut**: *»Weil ich mich mit mir selbst beschäftigt habe. Ich weiß, was mir guttut, was mir wichtig ist – und mein Selbstwert ist gewachsen. Ich bin mir selbst wichtig geworden und mache mein Lebensglück nicht mehr von meinem Umfeld abhängig. Und meine Verlobte ist mir wichtig. Ich will viele gesunde Jahre mit ihr verbringen – reisen, Neues erleben, gemeinsam alt werden und unsere Geschichten mit unseren Enkelkindern teilen.«*

Das besänftigt die **Sorgfalt** etwas: *»Ich weiß gar nicht, was ich dazu sagen soll.«*

Der **Mut** fährt fort: *»Du musst auch nicht immer etwas sagen. Mach den Lausche-Fuchs: Klappe zu und hinhören.«*

Jetzt hat **Clemens** das Steuer übernommen. Er hat genug von all den Stimmen, die ihm sagen, was er zu tun habe: *»Du musst aufessen, sonst regnet es morgen!«* – *»Schmeckt es dir nicht? Du isst so wenig.«* – *»Wo anders verhungern Kinder – iss deinen Teller leer!«* Diese Glaubenssätze braucht er nicht mehr: *»Ich esse, wenn ich hungrig bin – und höre auf, wenn ich satt bin.«*

Die trotzige **Sorgfalt**: *»Du machst es dir gerade ziemlich einfach.«*

Der **Mut** ist überzeugt: *»Nein. Es war harte Arbeit, dahin zu kommen. Dinge, die einfach aussehen, sind oft das Ergebnis langer innerer Prozesse. Ich habe erkannt, dass ich bisher Essgewohnheiten meiner Ursprungsfamilie übernommen habe – ohne sie zu hinterfragen. Bei uns wurde um Punkt zwölf gegessen. Immer. Warum? Keine Ahnung. Heute esse ich, wenn ich Hunger habe – und am Wochenende gemeinsam mit meiner Familie.«*

Die **Sorgfalt** stimmt zu: *»Das macht Sinn.«*

**Mut**: *»Danke. Schön, dass du mir zustimmst.«*

**Clemens**: *»Ich möchte gerne noch etwas Intimes mit dir teilen. Meine Mutter hat früher die Schokolade versteckt. Auf die Verpackung klebte sie ein Post-it – mit einem Totenkopf. ›Davon wirst du dick, das ist Gift für dich!‹, hat sie gesagt. Und was habe ich später gemacht, als ich nicht mehr zu Hause gewohnt habe? Ich habe Schokolade gegessen. Viel zu viel. Einfach weil ich jetzt durfte. Es war ein trotziges ›Jetzt erst recht!‹ Dieser Trotz hat mich bis heute begleitet. Jetzt habe ich das erkannt und ich kann mich entscheiden. Ich habe mich dazu entschieden, ab heute anders zu handeln.«*

***Herzen erreicht, was von Herzen kommt.***

**Sorgfalt**: *»Wow! Danke dir, dass du diese Geschichte mit mir teilst. Das ist stark. Jetzt kann ich dich besser verstehen. Echt nice! – Weißt du was? Ich glaube, du hast recht. Du kannst und wirst das schaffen! Ich werde dich gerne auch dabei unterstützen, wenn du das möchtest.«*

Der zufriedene **Clemens**: *»Ja, das kannst du gerne machen. Du bist mein größter Kritiker, aber auch mein bester Förderer. Ich schlage vor, dass wir uns einmal im Monat hier treffen und darüber sprechen.«*

**ENDE**

Ich weiß nicht, wie es dir bei diesem Gespräch ergangen ist – ich fand es sehr bereichernd und wertschätzend. Es ist wichtig, dass deine Stimmen respektvoll miteinander umgehen. – Ich bin sicher, du hast verstanden, worum es bei dem inneren Dialog geht.

Jetzt bist du dran.

- → **Welche Stimmen sitzen an deinem Tisch?**
- → **Was sagt dein Mut?**
- → **Was sagt deine Sorgfalt?**
- → **Oder sitzt da noch eine weitere Stimme bei Tisch?**

Du kannst diese auch zum Gespräch einladen – oder eben nicht. Du gibst die Rahmenbedingungen vor!

Lass dich mit dem Dialog treiben. Hör den Stimmen zu. Und triff dann eine Entscheidung – nicht gegen sie, sondern gemeinsam mit ihnen. Denn in dir ist bereits alles, was du brauchst.

## *Reflektiere im Anschluss:*

***Was sind deine Erkenntnisse aus dem Dialog?***

***Wo braucht es Verständnis, wo Entscheidungskraft?***

# 09

***Was war die größte Angst deiner Sorgfalt?***

***Was ist die größte Kraft deines Mutes?***

***Welche Chance ist durch das empathische Zuhören entstanden?***

> ***Es ist kein inneres Chaos – es ist ein Dialog deiner Persönlichkeitsanteile, die dich schützen und wachsen lassen wollen.***

***Was wird dich im Alltag daran erinnern und dich in deinem Tun motivieren?***

Du kannst diesen inneren Dialog auch laut aussprechen oder mit einer anderen Person als Rollenspiel gestalten. Schlüpfe dabei bewusst in die Rolle deines Mutes – und danach in die Rolle deiner Sorgfalt. Spüre, wie unterschiedlich sie klingen, denken und fühlen.

09

## *Standort deiner Reise – du bist hier:*

***WOW! Du hast es geschafft – du hast deinen neunten und letzten Schatz geborgen.***

*Und was du da findest, ist etwas ganz Besonderes: die Wichtigkeit der Auseinandersetzung mit den inneren Anteilen. Der Mut, dich dir selbst zuzuwenden – mit all deinen Fragen, Zweifeln, Hoffnungen und Widersprüchen –, ist ein Zeichen innerer Stärke. Es bedeutet, Verantwortung zu übernehmen. Für dein Fühlen, dein Denken, dein Handeln.*

*Auf diesem Weg bist du vielen inneren Blockaden begegnet. Doch heute weißt du: Blockaden sind keine Feinde. Sie sind Botschafter alter Erfahrungen, die einst einen Sinn hatten. Sie wollen gehört werden – nicht übergangen.*

*Und genau darin liegt deine neue Kraft: Du hast gelernt, innere Widerstände nicht länger zu verdrängen, sondern sie in deine Entscheidungen einzubeziehen. Sie sind ein Teil von dir – und sie haben dir geholfen, zu wachsen.*

***Jetzt ist es an der Zeit, dir selbst auf die Schulter zu klopfen:***

→ *Du hast 100 % deiner Reise geschafft.*

→ *Du hast dich geöffnet, hinterfragt, losgelassen, erkannt, benannt und neu ausgerichtet.*

→ *Du hast dich selbst wiederentdeckt – mit allem, was dich ausmacht.*

→ *Und vielleicht spürst du es jetzt:*

***Die wahre Kostbarkeit bist du!***

# 10

# Des Zebras Kern

# 10

**Veränderung beginnt** nicht im Außen – sie beginnt in dir. In dem Moment, in dem du den Mut aufbringst, dich selbst zu sehen. Dich zu verstehen. Und deinem inneren Ruf zu folgen.

Ich durfte dich auf dieser inneren Reise begleiten: zu deinem Herzenswunsch, zu dem, was dich wirklich trägt – zu deinen Werten, deinen Ressourcen, deinen inneren Antrieben. Die zentrale Botschaft, die ich dir mitgeben möchte, ist: Arbeit darf kein Selbstzweck sein. Sie ist ein Werkzeug. Ein Mittel, mit dem du ein Leben gestalten kannst, das dir entspricht. Ein Leben, das sich nach dir anfühlt.

**Der wahre Schatz bist du.** Und der Ring der sieben Lebensbereiche ist wie ein Rettungsring – er hält dich über Wasser. Achte darauf, dass in jeder Kammer genügend Luft ist. Dann wirst du getragen – und kannst dich, selbst in stürmischen Zeiten, mit mehr Leichtigkeit vorwärtsbewegen.

Ein Tag ohne Lächeln ist ein verlorener Tag. – Und in jedem Ende liegt auch ein Anfang. Wenn du einmal in ein Motivationsloch fällst, betrachte es wie ein Schlüsselloch. – Und frag dich:

→ **Welcher Raum an Chancen liegt dahinter?**

Ja, du bist vielleicht ein kleines Sandkorn im großen Universum – aber gerade deshalb ist deine Strahlkraft so kostbar. Du kannst Licht in die dunkelsten Räume bringen. Nicht nur für dich. Sondern auch für andere.

Du musst und kannst nicht immer gewinnen – aber du solltest immer wieder aufstehen, deine Krone richten und weitergehen!

Du kannst nicht jeden Tag glücklich sein. – Aber du darfst dich jeden Tag verändern.

Und am wichtigsten: Sprich liebevoll mit dir selbst. So wie du es dir auch von anderen wünschst.

## Was ist dein Gamechanger, nachdem du dieses Buch gelesen hast?

**Du erkennst:** Ich bin nicht mein Job. Ich bin nicht das, was andere von mir erwarten. Ich bin der Mensch, der mein Leben gestalten darf – bewusst, erfüllt und mit Sinn. Der entscheidende Wendepunkt liegt darin, dass du beginnst, dich nicht länger über Rollen, Titel oder äußere Anerkennung zu definieren. Stattdessen lernst du, dir selbst zu vertrauen. Du erkennst, was dir wirklich wichtig ist – nicht nur im Kopf, sondern auch im Herzen.

Du findest Klarheit über deinen Herzenswunsch – diesen inneren Ruf, der dich schon lange begleitet. Du verstehst, was dich bislang zurückgehalten und blockiert hat – und du lernst, diese Stolpersteine nach und nach aus dem Weg zu räumen. Du gehst nicht länger einfach einem Job nach – du gestaltest ein Lebenskonzept. Eines, das sich für dich stimmig anfühlt. Du bringst deine Werte, deine Stärken und deine Sehnsucht in Einklang – beruflich wie privat.

Und das Beste: Du gehst diesen Weg nicht allein. Dieses Buch begleitet dich dabei – ehrlich, strukturiert, motivierend. Es ist nicht nur ein Buch. Es ist der Anfang von etwas Neuem: deinem echten Leben.

## Über Nina Wiesinger

**Die Autorin** bringt über 20 Jahre internationale Führungserfahrung mit – unter anderem bei Starwood, Kempinski, Marriott, Erste Group und High Gate.

In dieser Zeit hat sie gelernt, was es heißt, Teams zu führen, unter Druck zu performen und trotzdem Mensch zu bleiben. Doch irgendwann reichte ihr das »Funktionieren« nicht mehr. Sie wollte mehr. Sie suchte nach dem Sinn im Tun. Sie wollte Tiefe. Diese Sehnsucht führte sie von der General Managerin zur Gründerin von **»Denk Mal laut«** (2014), wo sie heute Führungskräfte, Teams und Privatpersonen auf ihrem Entwicklungsweg begleitet.

Neben ihrem Universitätsabschluss in Sales & Marketing und Unternehmensführung ist Nina Wiesinger zertifizierte »Life & Business«-Master-Coach, diplomierte Lebens- und Sozialberaterin sowie Validationsanwenderin nach Naomi Feil. Ihr Wissen basiert auf fundierter Ausbildung – ihre Kompetenz auf gelebter Praxis. Sie hat selbst unzählige Coaching- und Leadership-Formate durchlaufen und sich stetig weiterentwickelt. Doch der größte Lehrer war und ist das Leben selbst.

Nina Wiesinger hat bereits hunderte Menschen auf ihrem beruflichen und persönlichen Weg begleitet. Ihre Geschichten, ihre Herausforderungen, ihr Mut und vieles mehr sind in dieses Buch eingeflossen. Aus ihr spricht nicht nur die Theorie, sondern viel Erfahrung. Sie weiß, wie es ist, sich neu zu orientieren, alte Muster zu hinterfragen und neue Wege zu gehen – mit Struktur, Herz und Klarheit.

Dieses Buch ist ihre Einladung an alle, die sich nach einem stimmigeren Leben sehnen.

Und ihre Antwort auf die Frage:

→ **Was, wenn Arbeit nicht nur Pflicht, sondern Werkzeug für echte Erfüllung ist?**

10

## Und jetzt?

**Du hast** dieses Buch gelesen, weil du gespürt hast, dass da mehr auf dich wartet – mehr Freude, mehr Sinn, mehr echtes Leben. Vielleicht hast du bereits einige Antworten gefunden. Vielleicht steht dein nächster Schritt kurz bevor.

Jetzt lade ich dich ein:

- → **Teile mit mir, was dein wertvollster Aha-Moment war.**
- → **Welcher innerer Reichtum hat dich am meisten berührt, bewegt, gestärkt?**
- → **Was hat dir den Mut gegeben, deinen ureigenen Weg weiterzugehen?**

Hinterlasse mir gerne eine Rezension – ehrlich, persönlich, kraftvoll. Sie ist nicht nur Feedback für mich, sondern auch eine Motivation für andere, die noch am Anfang stehen.

→ **Oder du spürst: Ich möchte tiefer eintauchen. Ich will mein echtes Leben jetzt gestalten.**

Dann melde dich bei mir zu einer kostenlosen Erstberatung. Gemeinsam erkunden wir, wie du deine berufliche Neuorientierung mit deiner inneren Wahrheit verbinden kannst.

Schreib mir direkt unter:

→ **nina.wiesinger@chancenexpertin.at**
→ **oder buche dein kostenloses Kennenlerngespräch. Scanne den QR-Code und wähle auf Calendly Datum & Uhrzeit**

**Das Leben wartet auf dich.
Nicht irgendwann. Jetzt.**

10

## Danke

**Ich möchte** mich von Herzen bei allen bedanken, die mich auf meinem Weg unterstützt haben, dieses Buch zu schreiben. Dieses Buchprojekt war für mich eine völlig neue Welt.

Mein besonderer Dank gilt meinem Mann **Bernhard Wiesinger**, der mir mit Respekt und Verständnis den Raum gegeben hat, mich in Ruhe meinem Buchprojekt zu widmen. Es gab viele Momente, in denen ich mich zurückgezogen habe, um ganz in dieses Werk einzutauchen. Nur in dieser Ruhe war es mir möglich, all das in Worte zu fassen, was mir besonders wichtig ist.

Mein Ziel konsequent zu verfolgen war das eine – ebenso entscheidend war jedoch, die richtigen Expertinnen und Experten an meiner Seite zu haben. Menschen, die nicht nur Kompetenz, sondern auch Erfahrung und Gespür dafür mitbringen, wie man an ein solches Projekt herangeht.

Ein herzliches Dankeschön geht an **Marie Fröhlich**, meine Autorencoachin, die mich während des gesamten Prozesses – über ein Dreiviertel Jahr hinweg – begleitet hat. Ihr Lektorat, ihre Impulse und ihr Blick von außen waren für mich von unschätzbarem Wert.

Ebenso danke ich **Christian Fischer** von greengraphics, der mit seinen Ideen die grafische Gestaltung bereichert und mit seiner großen Fachkompetenz beim Buchsatz einen wesentlichen Beitrag geleistet hat, diesem Ratgeber ein authentisches Gesicht zu geben.

Ein weiterer Dank gilt **Barbara Krojer**, die mit ihrem sorgfältigen Korrektorat dem Text den letzten Schliff verliehen hat.

Von Herzen danke ich auch meinen Probeleserinnen und Probelesern **Andrea Degenfeld**, **Nina Lendl** und **Martin Stachl**. Danke für eure Zeit, eure Gedanken und Fragen und euer ehrliches Feedback – ihr habt mir geholfen, mein Buch noch klarer und lesbarer zu machen.

Mein Dank gilt außerdem dem Netzwerk **BNI International**, das mich in meinem Unternehmertum stets unterstützt und wesentlich dazu beigetragen hat, dass ich mich als Unternehmerpersönlichkeit weiterentwickeln konnte. Es ist ein Geschenk, die richtigen Menschen im Umfeld zu haben – Menschen, die mit ihren Dienstleistungen, Produkten und ihrer Unterstützung nicht nur meinen Weg im Business bereichert, sondern auch dieses Buchprojekt möglich gemacht haben.

**Bildnachweis**

Umschlagfoto, Autorinnenfoto Seite 250 © Peter Podpera
Peter Podpera Photography | Werbefotografie & Fotokurse

Alle Zebra-Illustrationen KI-generiert, Bildautorin Nina Wiesinger, MBA

Grafik Schatzkarte Seite 08, 09, 10, 11 © vectorstock.com / apokusay

Grafik Pin © vectorstock.com / KseniiaD

Grafik Bleistift © vectorstock.com / Reuki

Grafik Seite 39, 87, 135 © Christian Fischer, greengraphics
Graphic Design & Book Art

Grafik Seite 112, 120, 171, 178, 193, 219, 225, 227, 234 KI-generiert,
Bildautorin Nina Wiesinger, MBA